11.11.19

Janice Fixter

Was brauchen meine Kinder – was brauche ich?

Ein Ratgeber für Mütter

BRUNNEN
VERLAG GIESSEN · BASEL

Janice Fixter ist Diplompsychologin und Mutter von vier Kindern. Sie lebt mit ihrer Familie in London.

Für Amy, Ellie, Benjamin und Joseph

Titel der englischen Originalausgabe:
The Parenttalk Guide to Being a Mum

Englische Originalausgabe:
Hodder and Stoughton Ltd
A division of Hodder Headline PLC
338 Euston Road
London NW1 3BH

Aus dem Englischen von Ulrike Zellmer.
Lektorat: Renate Hübsch

Die Deutsche Bibliothek – CIP-Einheitsaufnahme

Ein Titeldatensatz für diese Publikation ist bei
Der Deutschen Bibliothek erhältlich

Umschlagfoto: GettyStone, München
Umschlaggestaltung: Ralf Simon
Satz: DTP Brunnen
Herstellung: St. Johannis-Druckerei, Lahr
ISBN 3-7655-1230-3

Inhalt

Mein Dank gilt ...

... meinem Mann Mike für seine endlose Geduld und die zahllosen Mahlzeiten, die er vom Schnellimbiss herbeischaffte – ohne ihn wäre dieses Buch nicht geschrieben worden;
... Gill Dutton für ihre Unterstützung und Ermutigung und Sue Young für ihre wertvollen Anregungen;
... den vielen Müttern, die sich die Zeit genommen haben, mit mir über ihre Erfahrungen zu sprechen,
und Tim Mungeam für seine sorgfältige Korrektur des Manuskriptes.

Mama, ich muss dir was sagen ...
Nicht jetzt, Schatz. Ich lese gerade.
So werde ich eine perfekte Mutter

1

Panik

Müttermode: Bügelfrei und stets bekleckert

Was erwartet mich in meinem neuen Job als Mutter?

Es ist halb fünf. Ich stehe in der Küche und überlege, was ich den Kindern zum Abendessen vorsetzen soll. Daneben beantworte ich abwegige Fragen über Heinrich VIII. und seine zahlreichen Frauen, forsche in einer Mathehausaufgabe nach symmetrischen Linien, organisiere, wer wann was im Fernsehen anschauen darf und erkläre, weshalb meine Entscheidung fair ist. Und heute ist erst Montag.

Ich bin ziemlich sicher: ähnliche Szenen spielen sich täglich zur selben Zeit in Tausenden von Haushalten im ganzen Land ab. Als ich mein erstes Kind bekam, hatte ich keine Ahnung, was aus einem relativ ruhigen Leben werden könnte! Wenn Mütter bei der Ankunft ihres Erstgeborenen mit dem Wissen ausgestattet würden, das sie zwanzig Jahre später haben werden, wäre das Muttersein entschieden leichter! Oder es würde bedeuten, dass alle „ersten“ Kinder Einzelkinder blieben. Stattdessen spielt sich etwa Folgendes ab: Da kommt das Baby mit geballten Fäustchen und einem hilflosen Blick auf die Welt, und in diesem Augenblick, ob Sie nun darauf vorbereitet sind oder nicht, haben Sie die Rolle des „verantwortlichen Erwachsenen“ zu übernehmen. Bevor Sie überhaupt anfangen, sich mit diesem Gedanken auseinander zu setzen, werden Sie regelrecht überschwemmt von Windeln, durchwachten Nächten bei zahnenden Kleinen, trotzköpfigen Zweijährigen, dem ersten Schultag ... und eines Tages stehen Sie dann in der Küche und denken über Hamburger und

Pommes nach und warum dieser Heinrich so viele Frauen namens Catherine hatte. Und das alles passiert so schnell, dass Sie kaum Zeit haben, sich in Ruhe hinzusetzen und darüber nachzudenken, was Sie da eigentlich tun. Und dann ruft schon wieder jemand diesen wohlbekannten Namen: „Mama ..."

Meine Freundin (– ihre Kinder sind bereits Teenies –) meint, die beste Vorbereitung für die Mutterschaft sei ein Job auf einem Bauernhof – früh am Morgen raus, Stall ausmisten, seltsame Gerüche und keinen Tag frei. Aber zu Beginn des einundzwanzigsten Jahrhunderts sehen sich die Mütter hohen Erwartungen ausgesetzt. In Zeitschriften und Büchern, in Werbung und Talkshows – überall wird uns die perfekte Mutter vorgeführt. Den ganzen Tag über trägt sie ein strahlendes Lächeln mit blendend weißen Zähnen zur Schau, ihr schwungvolles Haar glänzt, bereits ein paar Wochen nach der Geburt hat sie wieder ihre ursprüngliche Figur. Ihr Baby gurgelt glücklich vor sich hin, trägt Windeln, die nie undicht sind, und schläft in einem weißen flauschigen Bettchen ein, ohne zuvor stundenlang auf den Rücken geklopft zu werden. Die perfekte Mutter würde nie ein Kind in die Welt setzen, das seinen Teller Spaghetti Bolognese lieber über seinem Kopf ausleert statt ihn zu essen. Sie würde ihr Baby auch nicht mit Hilfe einer halben Rolle Klebeband in seine Windel packen, weil sie die Klebebänder der Windel mit Zinksalbe und Babyöl verschmiert hat.

Die Werbung zeigt Ihnen keine Bilder von echten Müttern – Sie wissen schon, die mit den Designerringen unter den Augen und Babyspucke auf dem T-Shirt. Die, die zu müde sind, um Aerobic zu machen, sich nie Sachen kaufen, die man mit der Hand waschen oder bügeln muss, und es für das allerschönste Geburtstagsgeschenk halten, einmal eine Nacht durchschlafen zu können. Aber es gibt einen Trost: Im richtigen Leben existiert die perfekte Mutter kaum länger als ein paar Tage ...

Nicht vergessen: Die perfekte Mutter ist ein Produkt Ihrer Fantasie.

Abschied von einem Mythos

An einem Schulsportfest stellten sich die Mütter mit einer Mischung aus Einsatzfreude und Horror in einer Reihe auf, um beim Wettlauf der Mütter eine gute Figur zu machen. Die meisten waren auf diesen Auftritt offensichtlich nicht vorbereitet und in ganz normaler Alltagskleidung erschienen. Eine Mutter allerdings stach deutlich aus der Menge der Durchschnittlichen hervor, jedenfalls, was die sportliche Kleidung betraf. Sie trug ein Sporttop, Jogginghose und Sportschuhe. Man brauchte sie nur zu sehen und wusste: Gegen die hatte niemand eine Chance. Und so war es auch. Gleich nach dem Start lag sie in Führung, und nach der halben Strecke war sie unschlagbar. Doch nur ein paar Meter vor dem Ziel gab es eine Katastrophe. Zum großen Vergnügen der Kinder – und zum Entsetzen der Lehrer – riss der Gummizug ihrer Supersporthose. Sie lief als Erste ins Ziel. Doch niemand wird sich jemals an ihren glorreichen Sieg erinnern, sondern an ihre recht knappe Unterwäsche, die die Peinlichkeit der Situation noch schlimmer machte!

Die perfekte Mutter gibt es nicht – ebenso wenig wie das perfekte Kind. Wir lassen uns allerdings nur zu leicht zu einer romantisch verklärten Vorstellung vom Muttersein verführen. Die Realität des täglichen Lebens mit Kindern ist jedoch alles andere als romantisch. Vom Moment ihrer Geburt an tun Kinder vor allem eins – sie stellen Anforderungen an die Eltern: Sie weinen, schreien, unterbrechen uns, suchen unsere Aufmerksamkeit. Wir sind oft so sehr damit beschäftigt, diesen Anforderungen gerecht zu werden, dass wir vergessen, das zu tun, was wirklich zählt, nämlich unseren Kindern zu zeigen, dass wir sie lieb haben. Und das braucht Zeit und kostet manchmal Mühe. Beides, wenn Sie einen Siebenjährigen vor sich haben, der ihnen haarklein erzählen will, was um die Mittagszeit auf dem Spielplatz passiert ist. Kinder messen die Liebe ihrer Eltern nicht an der Anzahl der Geschenke oder der außerschulischen Aktivitäten, zu denen ihre Mütter sie kutschieren. Kinder messen die Liebe ihrer Eltern an der Zeit, in der die Eltern mit ihnen sprechen, und vor allem der Zeit, in der sie ihnen zuhören.

Manuela wollte unbedingt eine gute Mutter werden. Sie wollte für ihren Sohn nur das Allerbeste. Also las sie alle Elternmagazine, die auf dem Markt waren, und alle Bücher über Kindererziehung, die ihr in die Hand fielen. In irgendeiner Zeitung las sie, dass Babys ständige Anregung brauchen, und dass „gute" Mütter deshalb die Spielzeuge des Babys wöchentlich austauschen. Manuela hielt das für eine tolle Idee – die Sache war so schön methodisch, statt ein wenig versponnen, wie in anderen Magazinen. Sie erstellte eine Liste aller Spielsachen, die ihr Sohn besaß und trug alle ordentlich in eine Tabelle ein, sodass sie jedes Spielzeug wöchentlich abhaken konnte. Durch dieses rotierende System konnte sie sicher gehen, dass Mark die ständige Anregung bekam, die er brauchte. Sie selbst brauchte das Ganze nur auf dem Papier zu organisieren. Nichts gegen das Austauschen von Spielsachen – doch Manuela hatte nicht begriffen, dass die wichtigste Quelle der Anregung für Mark nicht die wechselnden Spielzeuge waren, sondern die Zeit, die sie mit ihrem Sohn verbrachte und mit ihm redete und spielte. Eine gute Mutter zu sein hat nichts mit Checklisten zu tun. Es geht vielmehr darum, sich Zeit für sein Kind zu nehmen – mit ihm zu reden, ihm zuzuhören und mit ihm zu spielen.

Die beste Art, Ihren Kindern zu zeigen, dass Sie sie lieb haben: Nehmen Sie sich so viel Zeit wie nur möglich für Ihre Kinder.

Wir sind umgeben von Kleingedrucktem. Ob Sie ein Haus kaufen, eine Wohnung mieten, ein Bankkonto eröffnen, sich auf der Suche nach einem Schnäppchen in den Schlussverkauf stürzen: Irgendwo finden Sie in winziger Schrift geschrieben, welche Bedingungen daran geknüpft sind. Wenn Sie Mutter werden – und das ist vielleicht die größte Investition, die Sie je machen – gibt es solche Bedingungen nicht. Jedenfalls sind sie nirgendwo gedruckt. Kinder zu haben heißt, tägliche Raten zu zahlen, nicht in Geld (obwohl Kinder nicht billig sind), sondern in bedingungsloser Liebe. Das ist die beste Investition, die Sie machen können: Eine Liebe, die nicht davon abhängig ist, was das Kind sagt oder tut; eine Liebe, die nicht sagt: „Ich hab dich lieb, solange du ...", sondern die das Kind in den Arm nimmt, mitsamt seinen Fehlern und schmutzigen Fingern und Rotznase; eine Liebe, die das Verhalten von der Person trennt. Kinder, die in einem solchen Umfeld aufwachsen, werden zu selbstsicheren Erwachsenen.

Lassen Sie sich auch nicht einreden, dass die ideale Mutter jeden Tag Scharen von Freunden ihres Kindes um sich haben kann, oder es sich leisten kann, ihr Kind drei Mal wöchentlich zu außerschulischen Aktivitäten zu schicken. Im Gegenteil: Dieses Herumhetzen macht den Stress des täglichen Lebens vielleicht noch größer. Kinder werden bei all dem Umtrieb so müde wie Erwachsene, und mehr Zeit zu Hause zu verbringen tut ihnen ebenso gut wie uns. Noch besser ist es, wenn Ihr Kind die Zeit zu Hause mit *Ihnen* verbringt – wenn Sie mit ihm reden und ihm zuhören.

Das Geheimnis des Erfolgs

Wir werden nicht nur mit Bildern davon überschwemmt, wie die „gute" Mutter aussieht; es wird uns auch ständig eingeflüstert, wie sie die perfekten Entscheidungen für ihr Kind trifft. Und es ist wahr: Von dem Augenblick an, wo der Schwangerschaftstest Ihnen die glückliche Nachricht übermittelt, sind Sie schon mit einer Unzahl von Entscheidungen konfrontiert: Wo und wie soll ich mein Kind kriegen? Welche Windeln soll ich benutzen? Wann muss man abstillen? Soll man Babynahrung kaufen oder selbst herstellen? Wie kriege ich mein Kind sauber? Welcher Kindergarten? Welche Grundschule? Welche weiterführende Schule? Soll mein Sohn stundenlang Computerspiele spielen – die Liste ist endlos. Und all diese Entscheidungen müssen Sie treffen, zusammen mit Ihrem Partner, wenn Sie einen haben, oder mit wem auch immer Sie solche Entscheidungen durchsprechen können. Am Ende ist es so, dass viele dieser Wahlmöglichkeiten kaum das ganze Leben umkrempeln, also investieren Sie nicht zu viel Zeit, um sich darüber den Kopf zu zerbrechen. Verbringen Sie keine schlaflosen Nächte damit, sich Sorgen zu machen, ob Sie Ihr Kind mit der besten Säuglingsnahrung füttern. Es ist letztlich egal, welche Marke Sie kaufen, solange das Zeug gegessen wird!

Es ist erstaunlich, wie viele Leute bereit sind, Ihnen das Geheimnis des Erfolgs mitzuteilen. Sie verbringen bereitwillig Stunden damit, Ihnen zu erzählen, wie sie alles richtig gemacht haben und warum der kleine Johnny daher nie gebrüllt hat, im Alter von neun Monaten gelaufen ist und mit fünfzehn zur Uni ging. Das alles dient keinem anderen Zweck, als Ihnen unbeabsichtigt das Gefühl zu vermitteln, Sie seien als Mutter eine hoffnungslose Versagerin, bevor Ihr Baby überhaupt drei Monate alt ist. Die Leute meinen es gut. Aber da jede Mutter eine andere Geschichte erzählt und Sie oft sehr unterschiedliche Ratschläge hören, fühlen Sie sich hinterher bestenfalls verwirrt. Es scheint, als ob jedes andere Kind, außer eben Ihres, im Alter von achtzehn Monaten aus den Windeln war und niemals eine Pfütze auf den Teppich der Nachbarn gemacht hat. Das kann besonders demoralisierend sein, wenn Sie gerade den ganzen Sommer lang ihrem Sprössling mit Töpfchen und Desinfektionsspray hinterhergelaufen sind und nun nicht mehr in der Lage sind, ein vernünftiges Gespräch am Stück zu führen.

Hören Sie sich gut gemeinte Ratschläge ruhig an – aber fühlen Sie sich nicht verpflichtet, sie auch zu befolgen!

Gefilterte Erinnerungen

Mütter, deren Kinder schon längst erwachsen sind, haben oft ein Gedächtnis wie ein Kaffeefilter. Das Gute läuft durch, während der Satz zusammengepresst und in den Mülleimer geworfen wird oder, wenn sie umweltbewusst sind, in den Kompost. Wie auch immer, hier ist ein selektives Gedächtnis am Werk, also glauben Sie nicht alles, was Sie hören. Die Sommer waren früher immer heißer und der Himmel blauer. Und denken Sie daran: Es wird immer eine Mutter von David geben, die selbst Brot bäckt und der es nie passieren würde, dass sie am Freitagabend vor dem leeren Kühlschrank steht und zur nächsten Frittenbude laufen muss. Oder eine Mutter von Anne, die ihren Kindern jeden Tag selbst gekochten Pudding vorsetzt, statt Joghurt mit Bananen. Also messen Sie sich nicht mit dem Maßstab anderer Leute.

Machen Sie sich von Anfang an klar, dass *Sie* die Person sind, die sich am allerbesten um Ihr Kind kümmern und erzieherische Entscheidungen treffen kann – ganz egal, was Ihre Schwiegermutter Ihnen erzählt! Sie kennen Ihr Kind weitaus besser als irgendjemand sonst und Sie sind in der einzigartigen Lage, es zu verstehen. Was bei einer Mutter klappt, funktioniert bei der anderen nicht. Also lassen Sie sich nicht einreden, Sie seien ein Versager, weil der Rat Ihrer besten Freundin nicht sofort funktioniert hat. Wichtig ist, dass Kinder sich geliebt und geborgen fühlen, und das können Sie erreichen, indem Sie Ihnen regelmäßig Ihre ungeteilte Aufmerksamkeit schenken und ihnen oft sagen, dass Sie sie lieb haben – und das ist für Teenager ebenso wichtig wie für Kleinkinder. Ein Kind merkt, wenn Sie nicht wirklich zuhören, wenn Sie mit einem Auge auf die Uhr schauen und nichtssagende Kommentare von sich geben, wie: „Hmm, das ist aber schön, Schatz." Denken Sie daran, dass Kinder durch Beispiel lernen. Sie könnten sich eines Tages in der Situation wiederfinden, dass Sie selbst die Aufmerksamkeit Ihres Kindes haben wollen, Ihr Sohn oder Ihre Tochter jedoch nur unzusammenhängende Worte murmelt, die Sie beruhigen sollen!

Beginnen Sie jetzt, Ihrem Sohn oder Ihrer Tochter zu zeigen und zu sagen, dass Sie sie lieb haben, und bleiben Sie dabei – auch, wenn die „lieben Kleinen" einmal größer sind als Sie selbst!

Es wird zahllose Leute geben, die sich geradezu darum reißen, Ihnen zu sagen, dass Sie es so und so gemacht hätten und dass es auch funktioniert hat. Was es nicht oft geben wird, sind Menschen, die Ihnen erzählen, dass sie auch ihre Fehler gemacht haben! Nur wenige werden Ihnen verraten, dass Sie als Mutter Fehler machen, dass Sie nie die perfekte Mutter sein werden, wie sehr Sie es auch versuchen. Wir alle haben die Fähigkeit, auch falsche Entscheidungen zu treffen oder die Beherrschung zu verlieren. Sie werden Ihr Baby kaum anbrüllen, wenn es wie ein Engelchen schläft, aber wenn die kleine Hanna die Tapete mit Hilfe einer großen Dose Niveacreme verziert hat, kann man schon einmal die Nerven verlieren. Und wir alle sind dazu fähig, dass uns die Nerven durchgehen und wir die Kinder zusammenstauchen für etwas, wofür sie gar nichts können. Früher habe ich die Stirn gerunzelt über Mütter, die ihre Kinder im Supermarkt angebrüllt oder mitten im Einkaufszentrum einen Wutanfall gekriegt haben. Heute habe ich mehr Verständnis dafür, besonders seit dem Tag, an dem wir einkaufen gingen und Benjamin darauf bestanden hatte, seine neuen Schuhe zu tragen (die eigentlich nur für die Schule gedacht waren) und ohne sie zum Auto zurückkam. Ich war so wütend, dass ich mitten auf dem Parkplatz wie ein verrücktes Känguru auf- und abhüpfte. (Zur allgemeinen Erleichterung entdeckten wir die Schuhe schließlich säuberlich deponiert in einem Café und konnten daher mit einem Lächeln nach Hause fahren – das allerdings vielleicht etwas verkniffen gewirkt hat ...)

Ende eines Besserwissers ...

Wir alle sind nicht nur fähig, unsere Nerven zu verlieren, wir können auch trotz bester Absichten falsche Entscheidungen treffen. Als unsere älteste Tochter Amy ungefähr ein Jahr alt war, fuhren wir im Urlaub an die Küste. Es war eine dieser herrlich warmen Wochen, und was gäbe es Besseres, um sich abzukühlen, als Eis zu kaufen? So holten wir drei Eis und gaben unserer Tochter ihre erste Tüte Vanilleeis. Zu der Zeit klammerte ich mich immer noch an das Ideal, dass gute Mütter saubere Kinder haben.

Nie würde ich eine jener Mütter werden, deren Kinder mit triefenden Nasen und schmutzigen Gesichtern herumliefen. Und obwohl es das erste Eis war, das meine Tochter aß, stand ich mit mehreren Papiertüchern bereit, um gleich alles wegzuwischen, was heruntertropfte. Wenn man ihnen schließlich im Babyalter beibringt, wie man richtig isst, werden sie immer ordentlich und sauber essen – so dachte ich wenigstens.

Amy war begeistert von dem Eis, und es dauerte nicht lang, bis sie bis zur Nase mit dem klebrigen Zeug verschmiert war. Jetzt war klar, dass die Tücher nicht ausreichten, um den Schaden einigermaßen zu begrenzen, also blieb als einzige Möglichkeit, ihr das Eis wegzunehmen. Haben Sie je versucht, ein einjähriges Mädchen von seinem Eis zu trennen, wenn sie es einmal in der Hand hatte? Amy war keineswegs glücklich, und das wäre ich an ihrer Stelle auch nicht gewesen, und da sie die Oberhand hatte, beschloss sie, dass es nur eine Möglichkeit gab, mich daran zu hindern, ihr dieses wunderbare Zeug wegzunehmen: nämlich, das Eis unter ihrem Kleid zu verstecken – was sie mit großem Erfolg tat.

Machen Sie ruhig Fehler, aber nehmen Sie sich vor, aus ihnen zu lernen.

Bevor ich Kinder hatte, hatte ich sehr viele Ideale. Besonders während der Schwangerschaft beobachtete ich Mütter mit ihren Kindern und machte mir im Geist Notizen, was sie alles falsch machten. Es ist leicht, über andere Mütter zu urteilen, wenn Ihr eigenes Kind kaum größer ist als eine Erbse. Die Menschheit kann säuberlich in zwei Hälften aufgeteilt werden: Die, die keine Kinder haben, aber genau wissen, wie man sie zu Säulen der Gesellschaft erzieht, und die, die Kinder haben, aber nicht die leiseste Ahnung, ob sie sie richtig erziehen. Ich brauchte nicht lange, bis ich meine Ideale über Bord warf und das Lager wechselte. Heute braucht man nur an einem ganz normalen Schultag um 8.30 Uhr durch den Briefkastenschlitz unseres Hauses zu gucken, und man kann Zeuge davon werden, wie sich eine unvollkommene Mutter verhält. Wenn ich alles etwas mehr im Griff hätte und der Tatsache Rechnung tragen würde, dass meine Kinder den Tag viel lieber zu Hause vor dem Fernseher, vor dem Computer oder beim Fußball verbringen würden, wäre ich weniger überrascht, wenn keiner bereit ist, das Haus pünktlich zu verlassen. So brülle ich am Ende los, wenn wir „Schuhe suchen" spielen. Wir alle wissen, dass der Schuh um acht Uhr noch an der Haustür stand, aber jetzt, wo er gebraucht wird, ist er irgendwie mysteriöserweise spurlos verschwunden. Dann gibt es noch das Spiel: „Wo sind deine Hausaufgaben?" – sehr beliebt an einem Montagmorgen, wenn Benjamin ein ganzes Wochenende lang Zeit gehabt hat zu vergessen, wo er sie nun hingelegt hat.

Mütter wollen ihre Kinder nicht zur Schule schicken, nachdem sie ausgerastet sind und sie angebrüllt haben. Sie wollen nicht, dass ihre Kinder aufgebracht und mit einem Gesicht wie drei Tage Regenwetter in der Schule ankommen. Ich jedenfalls möchte wie jene Mütter sein, die ihre Kinder heiter anlächeln, während sie sich bereit machen, in geordneter Manier das Haus zu verlassen (gibt es die überhaupt?). Ich möchte nicht versuchen, Spritzer von Schokocreme vom Sweatshirt meines Sohnes zu wischen, während wir die Straße hinuntereilen. Ich möchte nicht, während wir durchs Schultor treten, merken, dass zwei meiner Kinder trotz wiederholter Ermahnungen sich nicht die Zähne geputzt haben. (Die einzig wahre, wenn auch ein wenig militärische Lösung dieses Problems ist eine Zahninspektion *bevor* Sie das Haus verlassen.) Der einzige Trost ist, dass ich, wenn ich zur Schule komme, andere Mütter sehe, die ebenso unter Strom stehen wie ich, und es ist sehr beruhigend, dass so viele von uns in demselben wackeligen Boot sitzen. Also geraten Sie nicht in Panik und glauben Sie nur nicht, dass Sie die einzige Mutter der Welt sind, die sich nicht in der Lage fühlt, ihr Kind in den Griff zu kriegen. Selbst Frauen, die leitende Positionen in der Wirtschaft oder Politik hatten und früher ihren Mitarbeiterstab bestens organisieren konnten, ertappen sich dabei, wie sie ihre Kinder am Morgen aus der Haustür jagen wie junge Schäferhunde. Denken Sie daran: Es gehört nun mal zum Leben, dass Dinge verloren gehen (einschließlich Nerven), und es ist vollkommen normal, sich zu fühlen, als würde man einem abfahrenden Zug hinterherlaufen. In Wirklichkeit tun Sie das, was jede andere Mutter auch getan hat – Sie tun Ihr Bestes.

Genießen Sie die Tage, wenn bei Ihnen und Ihren Kindern alles glatt geht, so gut Sie nur können und verteilen Sie ihr Lob und Ihre Anerkennung dafür verschwenderisch!

Achtung! Kurvenreiche Teststrecke!

Mutter zu sein heißt, sich auf einer beschleunigten Lernstrecke zu befinden. Leider befinden sich die Serpentinenkurven immer an der unerwartetsten Stelle. Man genießt den gelegentlichen Erfolg einer ebenen Fahrtstrecke, lernt aber meistens an den überraschendsten Stellen, dass der Kurs nicht stimmt, sprich: Man lernt nur dadurch, dass man Fehler macht. Vom ersten Tag an lernen Sie etwas über das kleine Individuum, das Ihnen anvertraut wurde: ein Mensch, von dem Sie nichts wissen. Vielleicht haben Sie den Vater ausgewählt, vermutlich mit rosaroter Brille, aber Sie können nicht wählen, was für eine Art von Baby Sie bekommen! Und trotz all der wunderbaren Ratschläge, dass Sie süße oder saure Nahrungsmittel zu sich nehmen oder bei Vollmond drei Mal im Uhrzeigersinn um den Garten laufen sollen, gibt es in Wirklichkeit keine natürliche Methode um sicherzugehen, dass Ihr Kind ein Junge oder ein Mädchen wird, ganz zu schweigen von seiner Veranlagung. Und es gibt so viel über Ihr Kind zu lernen, dass die Aufgabe manchmal überwältigend scheint.

Jede Altersstufe ist voller Überraschungen. Die Bücher über Kindererziehung vermitteln Ihnen vielleicht eine vage Vorstellung, was in einem bestimmten Alter geschehen wird, aber die Theorie des Laufenlernens sieht oft ganz anders aus als die Praxis. Ich denke manchmal, es wäre nützlicher zu wissen, bei welcher Entwicklungsstufe man alles außer Reichweite stellen oder die wertvollsten Gegenstände in einen Schrank einschließen muss. Es hilft schon, wenn Sie Kinder kennen lernen, die älter sind als Ihr eigenes, Kinder, die ein oder zwei Stufen weiter sind. Dann kann man sich am ehesten vorstellen, was als Nächstes kommt. Sie können sehr viel von Eltern älterer Kinder lernen. Andere Mütter werden Ihnen genau sagen, was Sie zu erwarten haben, wenn Ihr Baby zu krabbeln anfängt, und Ihre Wohnung über Nacht von einem sicheren Ort zu etwas wird, was einer Munitionsfabrik ähnelt. Finden Sie heraus, wie andere Mütter mit den Problemen fertig werden, die noch vor Ihnen liegen, und

Scheuen Sie sich nicht, andere Mütter zu fragen, wie sie mit einem bestimmten Problem fertig werden. Sie werden erstaunt sein, wie viele Lösungen es gibt.

merken Sie sich das alles gut, bis Sie selbst an der Reihe sind. Denken Sie immer dran, dass keine Mutter von Anfang an eine Expertin sein muss. Erwarten Sie vielmehr, dass Sie sich immer auf der Reise befinden, aber nie ankommen. Mütter lernen nur portionsweise (und zwar in kleinen Portionen!) – jedes raschere Tempo wäre ihrer Gesundheit abträglich! Und gerade, wenn Sie glauben, Sie hätten etwas begriffen – wenn Sie sich auf die Schulter klopfen, dass Sie eine schwierige Situation so gut gemeistert haben – denken Sie an das Sprichwort vom Hochmut, der vor dem Fall kommt.

Tiergeschichten

Vielleicht sollten Sie frühzeitig die Maxime berücksichtigen, dass Haustiere nur sehr bedingt als pädagogisches Material taugen. Unser Haus war über die Jahre hinweg von unzähligen Kleintieren bevölkert. Die kleinen, wuscheligen haben nur eine kurze Lebensdauer. Also hatten wir viele Hamster und Wüstenspringmäuse, manchmal mehr, als wir wollten, wenn nämlich zwei „Weibchen" einen Wurf hatten. Ich dachte immer, dass es eine gute Gelegenheit wäre, mit den Kindern einfach und verständlich über Leben und Tod zu sprechen. Da ich wusste, dass einer unserer Hamster namens Woody bald das Zeitliche segnen würde, kam ich auf das Thema zu sprechen und erklärte den Kindern, dass Woody nicht mehr lange bei uns sein würde. Und tatsächlich: Ein paar Tage später starb er, gerade bevor wir in Urlaub fuhren. Wir hielten eine sehr feierliche Zeremonie im Garten ab, wo wir ihn begruben, und legten eine Steinplatte auf das Grab, um die Füchse fernzuhalten.

Jahrelang war ich der Meinung gewesen, dass ich sehr gut mit dieser Situation umgegangen war, bis Amy mir eines Tages sagte, dass sich die Geschichte in ihrer Erinnerung ganz anders abgespielt hatte. Sie hatte keine Ahnung gehabt, dass der Hamster gestorben war und hatte demnach auch nicht begriffen, von was ich eigentlich sprach. Sie ist ein sehr intelligentes Mädchen, also muss ich wohl annehmen, dass der Fehler bei mir lag. Amy, die zu der Zeit ungefähr drei Jahre war, glaubte, dass wir den Hamster im Garten vergraben hatten, weil wir in Urlaub fahren wollten. Ihr kam das sehr seltsam vor, weil alle ihre Freundinnen ihre Hamster zu einer anderen Familie in Pflege gaben, wenn sie wegfuhren. Nicht aber wir: Wir begruben unseren im Garten und legten noch einen schweren Stein obendrauf, damit der Hamster nicht weglaufen konnte! Sie dachte natürlich auch, dass wir vorhatten, nach unserer Rückkehr Woody wieder auszugraben, und wieder als große, glückliche Familie vereint sein würden. Natürlich gruben wir ihn nicht aus, und das war Amy lange Zeit ein Rätsel – aber sie hat es uns gegenüber erst Jahre später erwähnt!

Wenn Sie nicht wollen, dass alle Welt es erfährt – sagen Sie es nicht in Gegenwart der Kinder!

So viel zum Thema gute Kommunikation mit unseren Kindern. Seien Sie also gewarnt: Ihre Kinder hören vielleicht, was Sie sagen, haben aber womöglich keine Ahnung, was Sie eigentlich meinen. Aber natürlich können Sie sicher sein, dass sie, ob sie sie nun verstehen oder nicht, aller Welt quietschvergnügt eben die Worte verkünden, die sie gerade nicht wiederholen sollen, wie: „Meine Mami sagt, dein Hund sieht aus wie eine Klobürste." Wenn Sie also nicht wollen, dass Ihr Kind diese Worte in Gegenwart der Großmutter, Onkel Pauls oder der Verkäuferin im Süßwarengeschäft wiederholt, sprechen Sie sie nicht aus!

Dann ist da noch das Minenfeld der sozialen Entwicklung. Dank Freud und seinen Kollegen wissen wir eine Menge darüber (oder nehmen es jedenfalls an), was passiert, wenn ein Kind in der einen oder anderen Entwicklungsphase stecken bleibt. Keiner will schließlich, dass seine Kinder am Ende mit seltsamen Komplexen behaftet sind. Kinder werden ständig unabhängiger und reifer, und es ist in erster Linie Aufgabe der Eltern, sie in der richtigen Richtung zu ermutigen, statt sie ewig wie Kinder zu behandeln. Interessieren Sie sich für den Charakter Ihres Kindes und sehen Sie seine Stärken, aber auch seine Schwächen. Helfen Sie ihm, das Beste aus seinen Fähigkeiten zu machen, und ermutigen Sie es, da an sich zu arbeiten, wo es Schwierigkeiten hat. Ihr Kind mag vielleicht kein Einstein werden, aber das heißt nicht, dass es nicht das Einmaleins lernen soll. Stecken Sie Ihr Kind nicht in eine Schublade: „unser Schlaumeier" oder „mein Dummchen" – solche Etiketten bleiben leicht kleben. Entweder sie entmutigen das Kind, wenn es versucht, diese Erwartungen zu erfüllen, oder sie hindern es daran, eigene Ziele zu finden. Wenn einen schon die eigene Mutter für dumm hält, ist doch eh alles egal, oder?

Niemals den Humor verlieren!

Die wichtigste Fähigkeit, an die Sie sich von Anfang an klammern sollten, ist Ihr Sinn für Humor. Und wenn Sie den nicht haben, eignen Sie sich ihn schnellstens an! Nehmen Sie sich selbst nicht zu ernst. Wie sonst könnten Sie die Nerven behalten, wenn Ihr Zweijähriger Sie im Kaufhaus verzweifelt an den Hosenbeinen zerrt und aufs Klo will, *nachdem* seine Gummistiefel mitten in der Abteilung für Damenwäsche übergelaufen sind? Wie sollten Sie sonst reagieren, wenn Ihr Kind Ihnen den längsten und dicksten Regenwurm, den es im Garten finden konnte, zum Geschenk macht und in Ihre ahnungslose Hand legt? Mit Ihren Kindern zu lachen vertreibt Spannungen und kann die häusliche Atmosphäre vollkommen verändern – also tun Sie es oft.

Wir lassen uns so leicht entmutigen, aber wenn wir miteinander lachen, sehen wir die Dinge wieder in der richtigen Perspektive und sind nicht so leicht in der Gefahr, den Verstand zu verlieren.

Sobald Ihr Kind in die Schule kommt, werden Sie eine extra Portion Humor brauchen, um mit den zusätzlichen Anforderungen fertig zu werden. Niemand hat mir vorher gesagt, dass ich einmal Stunden in der Bibliothek verbringen und nach obskuren Büchern suchen würde, damit meine Zehnjährige zwölf Seiten über den Jangtsekiang schreiben kann. Noch habe ich vorher geahnt, dass ich einmal vergeblich versuchen würde, zwanzig Jahre meines Gedächtnisses zu durchforsten, um ein französisches unregelmäßiges Verb zu konjugieren, damit ich meiner Zwölfjährigen bei ihrer Hausaufgabe helfen kann, während sie neben mir steht und mich anschaut, als würde *ich* eine fremde Sprache sprechen, weil sie heutzutage ganz anders Französisch lernen. Und sie oder ihre Freunde sind auch keineswegs von der Tatsache beeindruckt, dass ich „der Hund ist auf der Straße" auf Latein sagen kann.

Bewahren Sie sich Ihren Sinn für Humor, selbst wenn alles andere Ihnen abhanden gekommen ist – er hilft Ihnen, die Dinge wieder in der richtigen Perspektive zu sehen.

Bevor ich Mutter wurde, war mir nicht klar, dass Kinder von ihren Müttern die geistige Kapazität eines Pentium III mit 128 Megabyte Direktzugriffpeicher erwarten und dass es verlorene Dateien oder Systemfehler einfach nicht geben darf. Meine Mutter hat mir nie gesagt, dass ich vier paar Hände brauchen würde sowie die Fähigkeit, Gedanken zu lesen und um die Ecke zu schauen. Zwar versuche ich meinen Kindern immer wieder klarzumachen, dass ich eine Mutter bin und kein Tintenfisch und dass ich keine Stielaugen habe, die ich fünfzig Meter weit rausstrecken kann, sodass sie in jedes Zimmer des Hauses blicken. Trotzdem drücken sie mir mehrere Frühstücksdosen und stapelweise Bücher auf einmal in die Hand, oder ich soll Bilder anschauen, die sie gezeichnet haben, während ich gerade die Waschmaschine ausräume und sie in ihrem Zimmer sitzen. Kinder erwarten, dass ihre Mutter Wunder vollbringen kann, also seien Sie nicht erstaunt, wenn Ihr Kind glaubt, sie könnten das Unmögliche möglich machen. Machen Sie das Beste aus der Tatsache, dass zumindest eine Person (und nur in diesem Augenblick) glaubt, dass Sie zu allem fähig sind – das ist ein großes Kompliment.

Ohne Zweifel: Mutter zu sein ist eine überwältigende Erfahrung. Sie sind überwältigt vor Freude – aber ebenso von der Berg-und-Tal-Fahrt von Erschöpfung, Frustration, Sorgen und den nie schwindenden Wäschestapeln, die Kinder verursachen. Doch am Ende des Tages erscheint Ihnen all diese Mühsal als ein sehr geringer Preis für den Augenblick, wenn Ihre Tochter Ihnen ein Gänseblümchen ohne Stengel in die Hand drückt und Ihnen sagt, sie hätte es eigens für Sie gepflückt, weil sie Sie so lieb hat.

Pampers und Penatencreme

Wie überlebe ich die ersten Monate?

Was haben neugeborene Babys mit Rockstars gemeinsam? Beide schlafen am Tag und sind die ganze Nacht wach; sie brüllen, um Aufmerksamkeit zu finden; sie brauchen ständig einen Drink und müssen überall hinkutschiert werden. Ein Baby zu haben heißt vor allem eines: Anpassung. Babys kommen nicht mit Lautstärkeregler oder Batterie zur Welt. Man kann sie nicht für eine Weile abstellen, wenn man die Nase voll hat. Als Mutter bin ich sieben Tage die Woche vierundzwanzig Stunden lang im Dienst, ohne Krankheits- oder Urlaubstage, und bekomme nicht mal Kurzurlaub wegen guter Führung! Natürlich gilt es vor dem großen Tag der Geburt viele praktische Vorbereitungen zu treffen – Windeln kaufen, Strampelhosen, Cremes für alle möglichen Wehwehchen, ganz zu schweigen von Kinderwagen, Bettchen, Wickeltisch und Badewanne. Aber worauf Sie sich in Wirklichkeit vorbereiten, ist ein riesiger Schritt ins Unbekannte – mit nur einem Köfferchen als Fallschirm. Bis Sie Ihr Neugeborenes im Arm halten, wissen Sie eigentlich nicht, auf was Sie sich da einlassen, und wenn es Ihnen endlich dämmert, ist es zu spät. Ich frage mich manchmal, was meinen Mann und mich so sicher machte, dass wir immer noch vier Kinder wollten, als wir bereits ein schreiendes Baby hatten. Hatte ich im Nebel der Erschöpfung meinen Verstand verloren, oder hatte meine Hebamme Recht, als sie sagte, dass die Hälfte meiner Gehirnzellen auf Nimmerwiedersehen in die Plazenta abgewandert seien? Von welcher Seite man das Ganze auch betrachtet, man kommt nicht an der Tatsache vorbei, dass merkwürdige Dinge mit einem geschehen, wenn man ein Baby bekommt.

Die letzten paar schlaflosen Monate der Schwangerschaft bereiten die werdende Mutter auf die Zukunft vor. Nächtelange Parties werden ersetzt durch das nächtelange Sich-Herumwälzen eines gestrandeten Wals – eine sanfte Warnung, dass unser Schlaf zu einem Mindestlohn reduziert wurde, während er vorher dem Gehalt eines leitenden Angestellten des Wasserwerks entsprach.

Ich hätte am liebsten alle Mütter erwürgt, die mir selbstgefällig erzählten, dass ihre Kinder bereits nach zwei Wochen durchschliefen – wenn ich dazu die Kraft aufgebracht hätte! Ein Blick in den Spiegel bestätigte nur, dass ich ein Monster mit vorquellenden Augen war, unberechenbar vor Erschöpfung. Ich war über Nacht von einem Wesen über zwanzig zu einem Wesen über achtzig geworden, mit Klamotten, die hinten und vorn nicht passten, bleicher Gesichtsfarbe und nach wie vor einem seltsam watschelnden Gang. Nach Baby Nummer eins verordnete die Hebamme Ruhe, aber ich war so erpicht darauf, meinen Körper und mein Leben wieder in den Griff zu kriegen, dass ich nicht auf sie hörte. Es sind nicht nur die Kinder, die nicht tun, was ihnen gesagt wird.

Senkrechtstart oder Erholung?

Viele Frauen gönnen sich nicht genügend Zeit, um sich von der Geburt zu erholen. Das dauert länger, als Sie glauben, und vielleicht noch länger, wenn Sie einen Kaiserschnitt hatten. Meine Freundin Pauline bekam drei Kinder per Kaiserschnitt und meinte, es wäre praktischer gewesen, hätte man ihr beim ersten Mal gleich einen Reißverschluss eingesetzt. Das hätte ihr viel Erholungszeit und die Notwendigkeit weiterer Narkosen erspart.

Heute brauchen Sie in der Regel nach einer Geburt nicht mehr mehrere Tage im Krankenhaus zu verbringen, es sei denn, es hat Komplikationen gegeben. Sie bleiben normalerweise nur wenige Stunden in der Klinik und können dann nach Hause eilen. „Eine Geburt ist keine Krankheit", hört man allenthalben. Also fühlen sich viele neugeborene Mütter verpflichtet oder fit genug, innerhalb von einer Woche wieder auf den Beinen zu sein – trotz manch wohlmeinendem Rat, sich erst einmal zu erholen. Ich habe drei meiner Kinder zu Hause bekommen und gestehe, dass ich einmal von der Hebamme auf frischer Tat ertappt wurde, als ich am zweiten Tag nach der Geburt auf meinem Weg ins Bett über das Gitter vor der Treppe sprang. Aber ich muss sagen, dass es mir überhaupt nicht gut getan hat, wie ein Olympionike herumzusprinten.

Das Wichtigste, was Sie für sich selbst tun können, um sich all den Veränderungen anzupassen, die auf Sie zukommen, ist, sich so viel wie möglich auszuruhen, vom Moment der Geburt an. Gönnen Sie sich die Zeit, sich ganz und gar zu erholen, und Sie werden besser mit allem Weiteren fertig werden. Die Geburt eines Kindes ist eine enorme Herausforderung für Körper und Seele, also erwarten Sie nicht, dass Sie sofort danach wieder gesund und munter sind. In manchen Kulturen wird bis zu vierzig Tagen nach der Geburt gut für die Mütter gesorgt: Frauen aus dem Dorf und Verwandte setzen sich ein, um der Mutter zu helfen, sich nach der Geburt zu erholen, statt sie zu ermutigen, so schnell wie möglich wieder zu ihrem normalen Tagesablauf zurückzukehren. (Es gibt auch Kulturen, wo man den Vater ins Bett packt und sich um ihn kümmert, aber das ist eine ganz andere Geschichte!). Natürlich ist es beim ersten Kind weitaus leichter, Ruhe zu finden. Aber es ist ebenso, wenn nicht noch wichtiger, für Erholung zu sorgen, wenn Sie bereits mehrere Kinder haben. Nehmen Sie jede Gelegenheit wahr, wie kurz die Zeit auch sein mag, um die Füße hochzulegen und ein Nickerchen zu machen. Schlafen Sie, wenn das Baby schläft. Und fühlen Sie sich deswegen nicht schuldig. Wenn Sie nicht schlafen können, lernen Sie, fünf Minuten lang still zu sitzen, ohne dauernd auf und ab zu springen, um zu sehen, ob es dem Baby auch gut geht, oder eine weitere Ladung Wäsche in die Maschine zu stopfen. Denken Sie daran: Das Wort „normal“ ist für eine Weile mit Volldampf über alle Berge verschwunden – ganz sicher jedenfalls, soweit es Ihren Körper betrifft. Versuchen Sie also immer wieder Gelegenheiten zu schaffen, um Ihre Kraft zurückzugewinnen.

Nehmen Sie jede Gelegenheit wahr, sich auszuruhen – umso eher werden Sie sich in der Lage fühlen, den Anforderungen eines Babys gerecht zu werden.

Mondlicht steht dir, es passt zu deinem Haar ...

Die meisten Babys unterscheiden nicht zwischen Tag und Nacht. Niemand hat meinen Kindern gesagt, dass sie schlafen sollen, wenn es dunkel ist, und wach und munter sein, wenn die Sonne scheint. In den Büchern steht immer, dass Neugeborene sechzehn von vierundzwanzig Stunden schlafen. Aber welche sechzehn Stunden (und manche schlafen viel weniger) – das ist ein Glücksspiel: Vielleicht gehören Sie zu den Glücklichen, deren Baby um acht Uhr abends wegdöst und die ganze Nacht durchschläft. Aber wenn Sie nicht mit einem solchen Engelchen gesegnet sind, müssen Sie Maßnahmen ergreifen, um gute Schlafmuster einzuführen. Denken Sie langfristig: Die Muster, die Sie jetzt einführen, werden schwer zu durchbrechen sein, wenn Ihr Kind zwei Jahre alt ist. Wir sind in die schreckliche Gewohnheit verfallen, die Babytragetasche hin und her zu schaukeln, damit unsere Älteste endlich einschlief. Das ging ja noch, als sie sechs Pfund wog, doch bei achtzehn Pfund war es kein Vergnügen mehr. Eines Abends kam mein Mann endlich zur Besinnung und merkte, wie lächerlich das ganze Szenario geworden war und wie viele Stunden er schon in dieser erschöpfenden Haltung verbracht hatte. Das war der Tag, an dem wir beschlossen, eine andere Methode zu finden, um das Baby zum Schlafen zu bringen – und zwar eine, für die wir nicht erst einen Kurs in Bodybuilding absolvieren mussten.

Nicht vergessen: Suchen Sie nach langfristigen Lösungen für Schlafprobleme – ein Schnellverfahren mag Ihnen sofort einige Nächte Schlaf bescheren, bringt aber oft später eigene Schwierigkeiten mit sich.

Wenn Ihr Baby eins von vielen Tausenden ist, die nachts aufwachen, versuchen Sie, die nächtlichen Still- und Wachzeiten so langweilig wie möglich zu gestalten. Sie sollen nicht so interessant sein, dass es sich lohnt, deswegen aufzuwachen. Auch wenn Sie noch so verzweifelt sind: Am besten lassen Sie morgens um halb zwei in der Nacht das Spielzeug in der Kiste und spielen auch nicht guck-guck mit dem Baby, sonst könnte das schnell zu einer Gewohnheit werden. Nehmen Sie Ihr Kind in den Arm, füttern und wickeln Sie es, und lassen Sie es sein Bäuerchen machen, aber ohne viel Aufhebens, und legen Sie es so schnell wie möglich wieder ins Bett. Viele Babys schlafen während des Stillens ein. Das bedeutet, dass das Kind nie Gelegenheit hat, von selbst einzuschlafen. Wenn Ihr Baby so um die drei Monate ist, versuchen Sie es ins Bettchen zu legen, wenn es schläfrig ist, statt wenn es bereits schläft. Gewöhnen Sie es daran, selbst einzuschlafen. Ältere Babys entwickeln oft Gewohnheiten, die ihnen beim Einschlafen helfen, ohne dass Sie es im Arm halten. Hier können Decken oder Stofftiere, begleitet von ein wenig Ermutigung, zum Einsatz kommen. Geben Sie dem Baby sein Lieblingstier, wenn Sie es ins Bett legen. Manche Kinder lutschen Daumen oder brauchen einen Schnuller – wir hatten einen Haarefummler: Unsere zweite Tochter Eleanor spielte, wenn sie schläfrig war, mit ihrem Haar herum (oder mit den Haaren von jemand anderem). Der große Vorteil war, dass wir nie etwas anderes herumschleppen mussten, um sie zum Schlafen zu bringen. Das Haareschneiden wurde auf ein Minimum begrenzt, und wir brauchten eine Sache weniger in die Tragetasche zu stopfen, die ohnehin schon aus den Nähten platzte.

Nein, wie niedlich!

Wenn Sie allein sind, scheuen Sie sich nicht, Verwandte und Freunde zu bitten, Ihnen einmal das Baby abzunehmen. Ein Abend für sich selbst, auch wenn Sie ihn schlafend verbringen, wird Ihnen gut tun. Widerstehen Sie also der Versuchung, fünfzehn verschiedene Arbeiten auf diese paar Stunden zu legen. Wenn Sie einen Partner haben, bitten Sie ihn, Ihnen eine Pause zu gönnen, wann immer das möglich ist. Machen Sie es sich zu Nutzen, wenn der Vater völlig vernarrt in sein Baby ist und es mit vielen „Ohhs“ und „Ahhs“ bewundert. Lassen Sie auch ihn manchmal herumspringen, das Baby bis zum Bäuerchen übernehmen, ihm den Rücken klopfen und es wieder zum Schlafen bringen. (Überhaupt sollte jeder, der sich anbietet, das Baby zu betreuen, regelmäßig eingeladen werden.) Widerstehen Sie der Versuchung, die Sache immer wieder selbst in die Hand zu nehmen, weil Sie natürlich alles viel besser und geschickter hinkriegen – teilen Sie sich die Verantwortung für das Baby. Wir müssen alle irgendwo anfangen, und wenn Sie Ihrem Partner nie die Gelegenheit geben, es zu lernen, können Sie ihn nicht dafür verantwortlich machen, wenn er seine Sache in Ihren Augen nicht richtig macht.

Eleanor hat bis zum Alter von drei Jahren nicht durchgeschlafen. Es gab Tage, da waren wir außer uns vor Erschöpfung. Manchmal wachte sie stündlich auf – die reinste Folter: Wenn wir dann kurz vor dem Einschlafen waren, fing sie wieder an zu schreien, und wir wechselten uns ab, zu ihr zu gehen. Freunde, Verwandte und der Arzt hatten viele Ideen und Ratschläge parat, die wir allesamt ausprobierten. Schließlich gelang es uns, sie zu einem einigermaßen vernünftigen Schlafmuster zu erziehen, indem wir eine Kassette mit Musik bespielten, die ihr zu gefallen schien. So brauchten wir nur mehrere Male in der Nacht aus dem Bett zu wanken und den Knopf am Kassettenrekorder zu drücken. Keine Schlaflieder für Kinder – wir mussten ungefähr eine Woche lang nachts immer zur vollen Stunde der Titelmusik eines Films lauschen. Das war zwar keine vollkommene Lösung unseres Problems, aber Eleanor wachte dann nur noch ein- oder zweimal nachts auf, und so wurde das Leben erträglich. Seien Sie also kreativ mit ihrem schlaflosen Baby, bedenken Sie alle guten Ratschläge und tun Sie dann das, was bei Ihnen funktioniert.

Am besten, Sie führen von Anfang an einen festen Ablauf für das Zu-Bett-Bringen ein – so wissen Sie beide, was Sie zu erwarten haben, und die Zubettgehzeiten werden so stressfrei wie möglich.

Schreihälse

Nicht genug damit, dass Babys nachts nicht schlafen – auch tagsüber können sie recht viel Gebrüll machen. Als unser Jüngster geboren wurde, brüllte er gut eineinhalb Stunden lang mit fest zugekniffenen Augen. Mein Vater kam zu Besuch und konnte ihn schon von ferne auf der Straße hören. Babys haben nur eine Kommunikationsmöglichkeit: Mund öffnen und Krach machen. Am Anfang hört sich alles Geschrei ziemlich gleich an. Doch mit nur ein wenig Übung (von der Sie genug bekommen werden!), werden Sie bald herausfinden, was welches Geschrei bedeutet. Am Anfang müssen Sie jedoch unter Umständen jede mögliche Ursache für das Schreien prüfen: Hat Ihr Baby Hunger, Blähungen, die Windel voll oder will es einfach mal in den Arm genommen werden – dies alles scheint zunächst irgendwie unentwirrbar zusammenzuhängen. Finden Sie heraus, in welcher Lage sich Ihr Baby am wohlsten fühlt. Manche Babys wollen in aufrechter Haltung gestreichelt werden, andere mit dem Gesicht nach unten über Ihrem Arm liegen.

Und wenn Sie das alles ausprobiert haben und Ihr Baby noch immer nicht beruhigen können, versuchen Sie, es abzulenken. Wenn Sie nicht mehr ein noch aus wissen (oder besser noch vorher), versuchen Sie, seine Aufmerksamkeit auf etwas anderes zu richten. Das kann alles Mögliche sein, solange es sicher ist:

Wenn Ihr Baby dauernd schreit, gönnen Sie sich selbst eine Pause, wenn sich das Kind beruhigt hat, auch wenn es nur für fünf Minuten ist.

- Stellen Sie sich vor irgendein bewegliches Objekt, z.B. das schwingende Pendel einer Uhr, oder bewegen Sie etwas Buntes vor den Augen Ihres Babys hin und her.
- Verteilen Sie im Haus Mobiles oder Windspiele, die im Luftzug tanzen – so hat Ihr Baby etwas zum Anschauen und Hinhören. Hängen Sie die Wäsche raus, marschieren Sie mit dem Baby um die Wäscheleine, und lenken Sie es mit den im Wind flatternden Hemdchen ab, die es schmutzig gemacht hat.
- Baden Sie Ihr Baby. Das fließende Wasser, das Geplätscher und die verschiedenartigen Empfindungen können sehr beruhigend wirken.
- Packen Sie Ihr Baby in den Buggy oder ins Auto und fahren Sie mit ihm spazieren.
- Lassen Sie den Schlüsselbund klingeln, wedeln Sie mit einem bunten Taschentuch oder spielen Sie mit einem Jojo. Ich hatte immer viele seltsame Dinge dabei, um mein Kind in schwierigen Momenten abzulenken.
- Auch Singen wirkt manchmal Wunder, und Sie brauchen nicht lauter zu singen, als Ihr Baby schreit. Sie werden erstaunt sein, wie leicht Ihnen all die Kinderreime, die sie meinten, vergessen zu haben, über die Lippen kommen. Besinnen Sie sich auf einfache Kinderlieder – aber Sie können auch Ihre Lieblingsmusik mit Bewegungen kindgerecht darbieten. Sie werden erstaunt sein, wie oft Sie „ABC – die Katze lief im Schnee“ einem quengeligen Baby vorsingen können, ohne dass Sie das Gefühl haben, langsam durchzudrehen.

- Sie können auch versuchen zu tanzen oder Ihr Baby durch andere rhythmische Bewegungen zu beruhigen.
- Wenn Ihrem Kind wirklich nichts fehlt, es sich nur nicht beruhigen will, müssen Sie es womöglich, um Ihre geistige Gesundheit zu bewahren, einfach in sein Bettchen verfrachten und es dort eine Weile liegen lassen, während Sie irgendetwas tun, um sich abzulenken – was immer Ihnen im Moment gut tut.

Die Tropfen, schnell!

In den ersten Monaten sind Blähungen und Koliken sehr häufig. Aber Sie kommen vielleicht an den Punkt, an dem Sie den Eindruck haben, das Kolikmittel würde Ihnen besser helfen als dem Baby. Babys, die zu Koliken neigen, brüllen unaufhörlich, besonders am Abend, wenn Sie erschöpft sind, bis sie eines Tages aufwachen und plötzlich ganz andere Menschen sind. Wenn Ihr Baby immer zur selben Tageszeit schreit, versuchen Sie, eine Pause zu machen, bevor das Gebrüll losgeht. Planen Sie Ihren Tag, damit Sie nicht zur selben Zeit erschöpft sind, wenn Ihr Baby das ganze Haus zusammenbrüllt. Das gilt besonders, wenn

Sie allein erziehend sind oder einen Partner haben, der erst dann nach Hause kommt, wenn Sie und das Baby vor Erschöpfung eingeschlafen sind. Nehmen Sie sich in dieser Zeit nicht alles Mögliche vor, konzentrieren Sie sich auf das Baby. Versuchen Sie nicht, gleichzeitig zu saugen, zu bügeln und zu kochen. Manche Mütter machen sich Sorgen, dass sie womöglich nicht erkennen, wenn Ihr Kind wirklich ernsthaft krank ist. Aber ein krankes Kind schreit entweder gar nicht oder mehr als sonst oder ganz anders. Dann sollten Sie sofort ärztlichen Rat einholen.

Versuchen Sie, sich nicht zu überlasten, wenn Sie ein schreiendes Baby haben. Suchen Sie nach Möglichkeiten, wo Sie für sich Zeit und Raum gewinnen, um der Sache gewachsen zu sein.

Ruths Säugling schrie während der ersten neun Monate so lange, bis er erbrechen musste. Es stellte sich heraus, dass der Junge ein Magenproblem hatte, das mit der Zeit von selbst verschwinden würde. Das war ein geringer Trost für Ruth, denn sie hatte ein Kind, das dauernd spuckte oder an Koliken litt. Als der Junge laufen lernte, war das Problem gelöst. Aber bis zu der Zeit konnte Ruth wenig tun, außer ihren unglücklichen Sohn zu trösten. Da sie wussten, dass es einen Grund für das ständige Schreien gab, konnten Ruth und ihr Partner besser damit fertig werden und ihre Bemühungen machten Sinn.

Kletterprozesse

Keine Frau, die zum ersten Mal Mutter wird, hat sehr viel Erfahrung in diesem Job. Das ist kein Grund zu besonderer Sorge. Sie brauchen nicht über Nacht allwissend zu werden, erwarten Sie also nicht zu viel von sich selbst. Wenn Sie sich um ein Baby kümmern, lernen Sie: Sie lernen etwas über diesen neuen Menschen in Ihrem Leben. Wie in jeder Beziehung braucht es Zeit, einander kennen zu lernen, und Mutterschaft ist hier keine Ausnahme.

Von Müttern erwartet man seit jeher, dass sie alles am besten wissen, aber das geschieht nicht über Nacht. Ich wurde viele Male gefragt, warum mein Baby so verdrießlich sei, und ich gab zur Antwort, dass ich keine Ahnung hätte! Doch es stimmt sicher, dass der Elternteil, der die meiste Zeit mit dem Kind verbringt, am ehesten mitkriegt, was los ist. Aber was in Bezug auf ein Kind zutrifft, muss für ein anderes noch lange nicht zutreffen. Wie immer in Beziehungen kann man das besondere Wissen um ein Kind nicht auf ein anderes übertragen. Die Wahrheit ist, dass Sie, wenn (und falls) Sie wieder ein Kind bekommen, noch einmal mühsam die Leiter hochklettern müssen. Jedes Kind ist anders und hat eine einzigartige Persönlichkeit. Hier gibt es nur wenig übertragbares „Erfahrungswissen". Sie müssen jedes Ihrer Kinder ganz neu kennen lernen.

Sie brauchen nicht über Nacht zum Kleinkinderexperten zu werden. Zu lernen, wie man sich um ein Baby kümmert, braucht Zeit. Denken Sie daran – selbst die Experten wissen nicht immer alles!

Machen Sie sich auch keine Sorgen, wenn Sie nicht sofort von einer Welle der Liebe für Ihr Baby überschwemmt werden. Manche Mütter verlieben sich in ihre Kinder in dem Augenblick, wo sie sie zum ersten Mal erblicken, andere brauchen ein wenig länger, um mit ihnen warm zu werden. Glauben Sie nicht, dass mit Ihnen etwas nicht stimmt, wenn Sie beim Anblick Ihres runzligen Neugeborenen keine weichen Knie bekommen. Für viele Mütter ist Liebe ein Teil des Kennenlernprozesses. Sie braucht Zeit. Und während manche ganz wild auf winzige Babys sind, merken andere Mütter, dass sie erst in ihrem Element sind, wenn ihr Kind sieben Jahre ist und sie mit ihm ein vernünftiges Gespräch führen können, oder eine Zwölfjährige, mit der sie einen Stadtbummel machen können. Urteilen Sie also nicht allzu hart über sich; keine zwei Mütter sind gleich. Und nur, weil sie eine Mutter sind, müssen Sie nicht jeden Aspekt der Mutterschaft genießen. Wie viele Leute wechseln zum Beispiel gern Windeln? Weder die ersten, die mit einer klebrigen, teerartigen Masse gefüllt sind, noch die von der Konsistenz eines Rühreis? Es müssen Dinge getan werden, die weder angenehm noch befriedigend sind, aber man gewöhnt sich daran.

Mütter müssen sich daran gewöhnen, mit Widersprüchen zu leben: Vielleicht fühlen Sie sich eingesperrt, weil Sie nicht länger Herrin Ihrer Zeit sind, während Sie gleichzeitig das Gefühl haben, dass Sie es nicht ertragen können, von Ihrem Baby getrennt zu sein. Das Leben ist ein Balanceakt zwischen der Liebe zu Ihrem Kind und der negativen Einstellung gegenüber all den wenig erfreulichen Arbeiten, die Sie erledigen müssen. Und egal wie sehr Sie sich bemühen, den Wäscheberg werden Sie womöglich nie besiegen. Es kann ein sehr unbefriedigendes Gefühl sein, dass man nie eine Arbeit zu Ende bringt, weil die Bedürfnisse des Babys an erster Stelle stehen, aber das macht Sie nicht zu einer Versagerin.

Es gibt hier kein „Wasch-und-weg"-Prinzip – sondern die Sache sieht so aus: waschen, Baby füllt Windel, wieder waschen und Baby komplett umziehen, Baby spuckt über Mamas Schulter, Sie müssen sich komplett umziehen und … schnell ... nichts wie weg!

Vielleicht sehnen Sie sich nach den Tagen, als Sie nur einen Autoschlüssel und einen gefüllten Tank brauchten, aber versuchen Sie, die Sache mal aus einem anderen Blickwinkel zu sehen. Die ersten paar Monate im Leben eines Babys gehen sehr schnell vorbei. Im Nu haben Sie sie verpasst. Babys, die einen Monat alt sind, sehen schon nicht mehr wie Neugeborene aus, mit sechs Monaten sitzen sie oder krabbeln gar schon. Und wenn diese erste Zeit vorbei ist, können Sie sie nicht mehr zurückholen. Also beschließen Sie doch, sie zu genießen, so gut Sie können. Die Betreuung eines winzigen Babys macht nur einen sehr kleinen Teil Ihres gesamten Lebens aus, auch wenn sie zu gerade dieser Zeit Ihr ganzes Leben zu vereinnahmen scheint.

Setzen Sie sich selbst eine Belohnung aus, auf die Sie sich freuen können. Nehmen Sie sich etwas Schönes vor – es muss ja nicht teuer sein. Ein ausgedehntes und nicht unterbrochenes Bad mit einer Zeitschrift oder einem schönen Buch ist ein Luxus, der für jede Mutter möglich sein sollte. In dieser Zeit sollte sich jemand anders um das Baby kümmern, Ihr Partner, eine gute Freundin oder Verwandte. Ist das nicht möglich, nutzen Sie die Zeit, wenn Ihr Baby schläft – schnappen Sie sich eine Zeitschrift und lassen Sie für eine Weile die Seele baumeln. Ich habe eine Freundin, die gern aus einer besonderen Tasse Tee trinkt. Es mag vielleicht komisch klingen, aber wenn sie sich hinsetzt und aus dieser Tasse trinkt, hat sie das Gefühl, eine Pause zu haben. Wenn sie in Eile ist, trinkt sie aus jeder x-beliebigen Tasse.

Entdecken Sie Verhaltensweisen, die *Sie* mit Erholung verbin-

Kinder wachsen viel schneller heran, als Sie erwarten. Genießen Sie also jede Minute, die Sie miteinander verbringen.

den, auch wenn sie für andere unbedeutend erscheinen. Alles, was Ihnen hilft, für fünf Minuten abzuschalten, kommt der ganzen Familie zugute. Vernachlässigen Sie sich nicht. Nehmen Sie sich am Morgen Zeit, sich zurechtzumachen. Wie leicht geraten Sie in ein Fahrwasser, wo alle Energie auf das Baby konzentriert ist und Sie sich keine Zeit für sich selbst gönnen. Wenn Sie besser aussehen, fühlen Sie sich besser, leistungsfähiger und kompetenter. Wenn Sie wie ein Wrack aussehen, baut das nicht gerade Ihr Selbstbewusstsein auf.

Was Ihnen in Geburtsvorbereitungskursen nicht gesagt wird

In einer Episode des Films *Friends* (Freunde) findet sich Ross mit der Tatsache ab, dass seine von ihm getrennt lebende Frau ein Baby bekommt. Plötzlich dämmert es ihm, was für eine enorme Verantwortung das bedeutet, und er sagt: „Ich wusste immer, dass ich ein Baby haben würde, aber eben habe ich erst gemerkt, dass das Baby mich hat.“ So empfinden viele Eltern. Sich mit dem Gedanken anzufreunden, dass man sich um ein Baby kümmern muss, ist das Eine. Sich mit der Elternrolle anzufreunden das Andere. Es ist normal, sich von der Verantwortung überfordert zu fühlen, die man in dem Moment aufgebürdet bekommt, wo das Baby geboren wird. Wenn man das Kind einmal hat, kann man es nicht gegen ein besseres Modell eintauschen, das weniger geräuschvoll oder wirtschaftlicher ist. Die Verantwortung ist riesig.

Ich kenne viele Mütter, die mitten in der Nacht aufwachten und überzeugt waren, sie hätten ihr Baby verloren. Ich selbst habe oft befürchtet, dass ich vergessen würde, dass ich ein Baby im Schlepptau habe, und es versehentlich irgendwo liegen lassen – das ist jedoch nie geschehen. Im Radio gibt es einen Werbespot für französischen Wein, der diese Panik wunderbar beschreibt. Die Eltern wollen gerade auf die Gesundheit ihres Neugeborenen anstoßen, als sie merken, dass keiner von ihnen weiß, wo das

Baby ist. Aber Babys sind nicht wie Autoschlüssel, die man irgendwo hinlegt und eine halbe Stunde später nicht mehr finden kann. Trotz aller gegenteiligen Befürchtungen ist es unwahrscheinlich, dass Sie Ihren Liebling verlegen. Diese Möglichkeit tritt allenfalls etwas später ein, wenn alle fünf Kinder gerade fünf verschiedene Freunde besuchen und Sie sich nicht mehr erinnern können, wen Sie zu welcher Zeit abholen sollen!

Verantwortung für Kinder ist schon eine große Sache, der Sie sich womöglich überhaupt nicht gewachsen fühlen. Aber versuchen Sie, gelassen zu bleiben. Die meisten Mütter, und eigentlich auch Väter, empfinden von Zeit zu Zeit so. Sie fühlen sich vielleicht wie der Kaiser in Hans Christian Andersens Märchen, dem ein kleines Kind zuruft: „Aber der Kaiser hat ja keine Kleider an!" Doch es ist normal, sich zu fühlen, als würden Sie die ganze Zeit nur bluffen. Das tut jeder bis zu einem gewissen Grad, selbst die erfahrensten Mütter.

Oskar für die beste Nebenrolle

Mutter sein heißt, aus dem Mittelpunkt der Bühne an den Rand des Interesses zu rücken. Während der Schwangerschaft erkundigt sich alle Welt nach Ihnen und kümmert sich um Sie. Über Nacht dämmert Ihnen dann plötzlich, dass in der Besuchszeit zwar eine Menge Leute auftauchen, aber die ganze Zeit über nur über das Bettchen gebeugt stehen und sich in allen Einzelheiten nach dem Baby erkundigen. Die Leute kommen nicht mehr, um Sie zu besuchen, sondern weil sie das Baby sehen wollen. Sie haben mit einem Mal eine andere Rolle angenommen, und das Leben wird nie mehr so sein, wie es einmal war. Wir alle spielen verschiedene Rollen – Tochter, Schwester, Geliebte, Freundin, Nachbarin – das ist also nichts Neues für uns. Aber wenn Sie ein Kind bekommen, übernehmen Sie plötzlich die Mutterrolle, die so überwältigend ist, dass sie jeden anderen Bereich Ihres Lebens in den Schatten stellen kann.

Die Umwandlung zur Mutter geht ebenso schnell vor sich wie die Verwandlung einer Theaterkulisse mittels einer Drehbühne. Bewahren Sie sich einen ausgewogenen Blick auf Ihr Leben: Es gibt auch noch etwas anderes als Ihr Kind. Vernachlässigen Sie nicht andere wichtige Familienmitglieder. Wenn Sie allein sind, halten Sie Kontakt zu Freunden oder Verwandten, die Sie während Ihrer Schwangerschaft unterstützt haben. Versuchen Sie in Ihren Beziehungen so viel Normalität wie möglich zu bewahren. Wenn Sie einen Partner haben, denken Sie daran, dass auch er sich an die neue Situation gewöhnen muss und sich vermutlich doppelt so hilflos fühlt wie Sie. Arbeiten Sie mit- statt gegeneinander, wenn Sie sich um Ihr Baby kümmern. Sprechen Sie miteinander über Ihre Gefühle. Der Vater Ihres Kindes ist wahrscheinlich der Einzige, den das tägliche Leben mit dem Baby ebenso betrifft wie Sie.

Manche Probleme kann man klären, bevor sie auftauchen. Überlegen Sie, wer von Ihnen nachts das Baby versorgt, bevor Sie zu Bett gehen, nicht erst um vier Uhr morgens, wenn Sie zu müde sind, um klar zu denken. Unterstützen Sie sich gegenseitig in Ihrer Aufgabe als Mutter und Vater. Überlegen Sie ganz praktisch, wie Sie mit einem Besucherstrom und übereifrigen Verwandten umgehen. Denken Sie voraus und sprechen Sie darüber, wie Sie Ihr Kind erziehen wollen. Machen Sie sich auch Gedanken über weniger dringliche Entscheidungen, so zum Beispiel, wie Sie einzelne Körperteile benennen wollen, bevor Sie von Ihrem Zweijährigen öffentlich bloßgestellt werden. Wollen Sie genaue anatomische Bezeichnungen verwenden, eine etwas lässigere Ausdrucksweise oder eigene Worte erfinden, um Geschlechtsorgane oder Körperfunktionen zu beschreiben?

Versuchen Sie, nicht Ihr ganzes Leben von Ihrer neuen Aufgabe als Mutter bestimmen zu lassen. Andere Menschen brauchen Sie auch.

Rip van Wer?

Wenn Sie einen Partner haben, achten Sie darauf, dass Sie sich auch füreinander Zeit nehmen. Es ist unglaublich, wie schnell man vergisst, wie es zu zweit war statt zu dritt. Organisieren Sie ein romantisches Abendessen zu Hause, ohne dass der Junior um Aufmerksamkeit schreit. Oder, wenn Sie gute Freunde oder Verwandte haben, die ganz verrückt nach dem Baby sind, machen Sie ihm den Vorschlag, das Baby am Sonntagnachmittag auf einen ausgedehnten Spaziergang mitzunehmen! Und verbringen Sie dann nicht die gesamte Zeit, die Sie für sich haben, damit, über Ihr Kind zu sprechen oder sich um es Sorgen zu machen! Reden Sie über etwas Anderes. Schließlich gibt es auch noch ein Leben, das nicht aus wunden Popos, Zahnen und der Entscheidung besteht, ab wann man dem Baby Reis geben kann.

Geben Sie der Beziehung zu Ihrem Ehepartner immer Vorrang. Die Mutter/Kind-Beziehung darf nicht das überschatten, was der Dreh- und Angelpunkt der ganzen Familie sein sollte. Nehmen Sie sich Zeit füreinander und genießen Sie sie. Stellen Sie das Babybett mal an einem Abend in ein anderes Zimmer, wenn Sie das brauchen, um für sich zu sein. Und machen Sie das Beste aus jeder Gelegenheit, zu zweit allein zu sein, wie kurz die Zeit auch sein mag. Sich als Paar Zeit füreinander zu nehmen ist besonders wichtig, wenn Sie ein Baby haben. Die Lage wird nicht besser, wenn die Kinder älter werden. Wenn Ihr Kind sechzehn ist, werden Sie überhaupt keinen Abend mehr allein zu zweit sein, weil Ihr Sohn oder Ihre Tochter später zu Bett gehen als Sie.

Passen Sie auf, dass Sie nicht enden wie Rip van Winkle, der eines Abends an einem verzauberten Ort schlafen ging und am nächsten Morgen aufwachte und feststellte, dass in der Zwischenzeit zwanzig Jahre vergangen waren. In dem Maß, wie Ihr Kind heranwächst, muss auch die Beziehung zu Ihrem Partner wachsen. Sie wollen schließlich nicht eines Morgens aufwachen und entdecken, dass der Mann neben Ihnen ein völlig Fremder geworden ist. Machen Sie es sich daher von Anfang an zu einer guten Gewohnheit, bewusst Zeit für Sie beide allein einzuplanen, wenn Sie nicht zu erschöpft sind, um sie zu genießen. Werfen Sie die Windeln auf einen Haufen in die Ecke und vergessen Sie sie für eine Weile.

Zwangsjacke nicht erforderlich

Wutanfälle, Petzen und Probleme – wie gehe ich damit um?

Das Wort „Einverständnis" wird im Lexikon definiert als „die Bereitschaft nachzugeben oder sich zu fügen". Unser Sohn Benjamin war im Alter von zwei Jahren alles andere als gewillt, sich zu fügen. Er hatte ausgesprochen heftige Wutanfälle: Er warf sich auf den Boden, strampelte mit den Füßen und brüllte, wie es schien, stundenlang. Und das geschah garantiert jeden Tag um 3 Uhr, wenn ich auf dem Schulhof stand und auf die älteren Kinder wartete. Ich konnte absolut nichts mit diesem wild um sich schlagenden Zweijährigen tun, außer ihn zu ignorieren. Sein Gebrüll verkündete meine Verlegenheit und Beschämung über den ganzen Schulhof, und ich hatte das Gefühl, ich sei ein lebendiger Beweis dafür, dass unfähige Mütter existieren. Wenn meine zwei Töchter aus der Schule kamen, musste ich den immer noch schreienden Benjamin unter den Arm klemmen und zum Auto schleppen, während ich ein Baby im Kinderwagen vor mir herschob und versuchte, all die Informationen aufzunehmen, mit denen mich meine Töchter bombardierten. Dann stand ich vor der Aufgabe, ihn in seinem Kindersitz anzuschnallen, was gut und gerne fünfzehn Minuten dauern konnte. Ich sah reichlich mitgenommen aus und fühlte mich auch so. Ich hätte am liebsten die Welt angehalten, damit ich aussteigen konnte. Oder eine Papiertüte über den Kopf gestülpt und so getan, als ginge mich das alles nichts an. Ich wünschte, der Schulhof würde sich auftun und mich mitsamt meinem schreienden Kleinkind verschlucken.

Wutanfälle von Kleinkindern haben die unabweisliche Tendenz, das Selbstvertrauen einer Mutter beträchtlich zu unterminieren. Wutanfälle haben verschiedene Ursachen: Müdigkeit, Frustration oder den Wunsch nach Beachtung. Wenn das Kind zu Hause einen Wutanfall kriegt, ist es nicht so schwierig, dafür zu sorgen, dass es sich nicht verletzen kann, und es dann einfach weiterbrüllen zu lassen. Aber wenn es mitten in der Öffentlichkeit geschieht, ist das eine ganz andere Sache. Drohungen und Lockungen nutzen gar nichts angesichts eines wutschnaubenden Kleinkindes: Die Kleinen werfen Süßigkeiten und Getränke durch die Luft mit der Treffsicherheit eines David gegen Goliat. Jemand hat mal gesagt, dass man die Welt mit einer Armee von Zweijährigen einnehmen könnte. Und jeder, der einmal einen Zweijährigen in voller Aktion gesehen hat, wird das sofort glauben.

- Sorgen Sie dafür, dass Ihr Kleinkind genügend Schlaf bekommt, dann wird es weniger reizbar und schlecht gelaunt sein.
- Versuchen Sie, das Kind zu ignorieren, wenn es einen Wutanfall hat. Wenn es nach Beachtung schreit, wird ihm jede Art von Beachtung recht sein, selbst ihre blitzenden Augen oder groben Worte.
- Bleiben Sie möglichst ruhig.
- Lassen Sie Ihrem Kind Zeit für das, was es interessiert. Lassen Sie es auf dem Weg zum Einkaufen oder in den Park die Käfer beobachten, statt immer nur zu hetzen. Weniger Stress = weniger Frustration.
- Denken Sie daran, dass kleine Kinder noch keinen Zeitbegriff haben. Warten fällt ihnen schwer. Nutzen Sie Wartezeiten, beschäftigen Sie Ihr Kind, reden Sie mit ihm, statt es zu ignorieren und so Gefahr zu laufen, dass sich bei ihm Frustration anstaut.
- Bringen Sie Ihrem Kind bei zu teilen, aber vermitteln sie ihm auch, dass manche Dinge nicht geteilt werden können. Kinder sind bis zum Alter von zweieinhalb Jahren selbstbezogen und wollen unbedingt das Spielzeug des anderen, auch wenn sie selbst ein ganzes Zimmer voller Spielsachen haben. Je mehr Sie ihm beibringen, was sie teilen können und was nicht, desto weniger Wutanfälle werden sie über lange Sicht bekommen.
- Lassen Sie nicht zu, dass die Wutanfälle Ihres Kindes Ihr ganzes Leben bestimmen. Konzentrieren Sie sich auf das positive Verhalten und loben Sie Ihr Kind, wenn es etwas gut macht. Loben Sie es besonders, wenn es sich selbst beherrscht und nach einem Wutanfall wieder „vernünftig“ wird.
- Vermutlich haben Sie in solchen Situationen das Gefühl, die ganze Welt schaut zu und verurteilt Sie. In Wirklichkeit werden die meisten Leute Verständnis für Ihre Situation haben.

Wenn wir nach solchen Szenen schließlich nach Hause kamen, setzte ich mich hin und kuschelte mit meinem hochroten und

Ihre beste Waffe angesichts der Wut eines Kleinkindes ist: Ruhe bewahren.

verschwitzten Sohn, und oft schlief er dann in meinen Armen ein. Das war die einzige Möglichkeit, ihm zu zeigen, dass ich ihn lieb hatte, trotz seines schrecklichen Verhaltens. Während dieser Zeit (sie dauerte ungefähr achtzehn Monate) war ich am Ende meiner Weisheit und fühlte mich wie ein absoluter Versager. Allmählich ließen Benjamins Wutanfälle jedoch nach, und er wurde ein glücklicher ausgeglichener Junge. Ich konnte nichts tun, um sein Verhalten zu verhindern, da wir jeden Tag zur Schule gehen mussten, ob ihm das gefiel oder nicht. Ich konnte ihn nur lieb haben und ihm das auch zeigen.

Was muss ich tun, damit du mich nicht mehr lieb hast?

Manchmal ist es leicht, Ihr Kind lieb zu haben. Sie haben dieses warme, überströmende Gefühl und das Mutterdasein erscheint wie ein sonniger Frühlingstag. Sie lächeln Ihren Liebling liebevoll an und fragen sich, wie Sie jemals gestresst sein konnten. Es ist leicht, unseren Kindern zu zeigen, dass wir sie lieb haben, wenn sie sich benehmen wie kleine Engel. Aber wenn sie Wutanfälle kriegen oder absolut nicht gehorchen, ist das eine andere Sache. Wir alle brauchen das Gefühl, geliebt zu werden, mitsamt unse-

ren Fehlern. Wir wollen nicht nur geliebt werden, wenn wir glücklich sind und lächeln. Wir wollen auch geliebt werden, wenn wir eine triefende Nase oder gerade den Toast verbrannt haben. Und dieses Bedürfnis werden wir das ganze Leben lang verspüren: akzeptiert zu werden – trotz unserer Schwächen.

Ihrem Kind Liebe zu zeigen, wenn es sich nicht so verhält, wie es sollte, ist ein Lernprozess. Es ist, als wenn man ein schwieriges Stück auf dem Klavier spielen lernt. Man muss stundenlang üben. Die meisten Kinder machen schwierige Phasen durch, aber das Wunderbare ist, dass diese Phasen in der Regel auch ein Ende haben. Und wenn sie ihre Mutter dann ansehen, merken sie, dass sie ein paar graue Haare mehr und einen Ausdruck der Erleichterung auf dem Gesicht hat. Ihre Kinder werden Ihre Liebe immer wieder bis zum Äußersten auf die Probe stellen, und in Wirklichkeit wollen sie einfach testen, wie weit Ihre Liebe geht. Liebst du mich auch noch, wenn ...? Es ist also wichtig, ihnen zu zeigen, dass Sie sie lieb haben, auch wenn ... Und das heißt dann vielleicht, ein pampiges Kind in den Arm zu nehmen oder der Zeichnung eines Zweijährigen Ihre ungeteilte Aufmerksamkeit zu schenken, wenn Sie gerade ein schwieriges Rezept ausprobieren. Die Liebe, die dem Kind vermittelt: „Ich hab dich lieb, egal was du tust, oder was ich tue“ vermittelt Sicherheit, und Kinder müssen sich der Liebe ihrer Eltern sicher sein. Die größte Angst eines Kindes ist nicht, dass Einbrecher kommen, während es schläft, oder dass die Eltern sich scheiden lassen, sondern dass es verlassen wird.

Ihr Kind muss wissen, dass es geliebt wird, nicht nur, wenn es brav ist, sondern auch nach einem Wutanfall oder wenn es Ärger verursacht hat. Zeigen Sie es ihm deshalb immer wieder.

Petzen

Luises Tochter ist, leider, eine alte Petze. Die kleine Lena versucht dauernd, ihren kleinen Bruder in Schwierigkeiten zu bringen. Das Problem ist, dass es gelegentlich nützlich ist zu wissen, was er im Schilde führt, aber meistens ist es einfach nur ärgerlich. Doch Luise hatte eine gute Idee. Sie kaufte eine Packung Lose und gibt

Lena jeden Tag drei davon. Lena darf ihrer Mutter jeden Tag drei Geschichten erzählen, aber nicht mehr. Jedes Mal, wenn sie mit einer aufregenden Geschichte zur Mutter kommt, muss sie ein Los abgeben. Jetzt ist sie nicht mehr so wild darauf, mit jedem Klatsch zu ihrer Mutter zu rennen, da sie befürchtet, alle ihre Lose aufzubrauchen und die Gelegenheit zu verpassen, eine wirklich saftige Geschichte zu erzählen. So geht sie oft zu Bett und hat noch ein oder zwei Lose übrig, die jedoch nicht auf den nächsten Tag übertragbar sind!

Lassen Sie sich nicht von Petzereien verrückt machen! Sie liefern Ihnen Informationen, die Sie im Allgemeinen gar nicht wissen wollen. Bei Petzen und Gezanke wende ich manchmal folgende Taktik an: Wenn die Kinder nichts Gutes sagen können, sollten sie überhaupt nichts sagen. Daraufhin folgt normalerweise eine Minute lang absolutes Schweigen. Es ist nun mal so, dass Kinder Dinge tun, die sie nicht tun sollten. Aber als Mutter versuchen Sie, ein liebevolles und stabiles Umfeld zu schaffen – schließlich soll die Atmosphäre in der Familie nicht einem Ausbildungslager bei der Armee gleichen. Kinder haben ein ausgeprägtes Gerechtigkeitsgefühl und setzen Gerechtigkeit mit richtig und Ungerechtigkeit mit falsch gleich. Das Problem ist natürlich, dass das Leben nicht immer fair ist. Früher oder später werden sie lernen müssen, dass das Leben nicht immer eine Schüssel voller Erdbeereis bereithält, egal wie brav sie sich verhalten.

- Erklären Sie Ihrem Kind, dass Sie gerecht sein wollen, es ihm aber nicht immer so erscheinen mag. Helfen Sie ihm, sich allmählich an den Gedanken zu gewöhnen, dass es in der Welt manchmal ungerecht zugeht.
- Bringen Sie Ihrem Kind bei, sich diskret zu verhalten – nicht jeder Fehler muss berichtigt werden. Manche Dinge sind zu geringfügig, um sich darüber aufzuregen. Erklären Sie, dass Sie nicht unbedingt wissen müssen, dass zwei Geschwister sich gegenseitig „Stinkfisch" genannt haben, bevor sie sich friedlich miteinander vor dem Fernseher niederließen.
- Manche Dinge werden schon in Ordnung gebracht, wenn sie noch erzählt werden, und bevor Sie Gelegenheit haben, loszubrüllen – man kann nicht ein Kind schimpfen, das verzweifelt versucht, den versehentlich verschütteten Saft aufzuwischen.

Man kann es höchstens ermahnen, in Zukunft etwas vorsichtiger zu sein, bevor man ihm hilft, den Schaden zu beheben.

- Wenn es jemand anderen herabsetzt, wird Ihr Kind sich automatisch selbst besser fühlen. So nach dem Motto: „Schau mich an, ich bin die, die brav ist." Verstärken Sie nicht das Gefühl, es sei gut, über jemand anderen zu klatschen. Lassen Sie Ihr Kind wissen, dass Petzen ebenso falsch ist, wie den Goldfisch aus dem Glas zu nehmen, um zu sehen, ob es ihm gut geht.
- Versuchen Sie zu erkennen, was hinter dem Petzen steckt. Fühlt Ihr „Petzkind" sich übersehen? Möchte es sich Beachtung verschaffen? Fühlt es sich ungerecht behandelt?
- Suchen Sie nach praktischen Lösungen für Probleme, wo immer möglich. Ist keine unmittelbare Lösung in Sicht, raufen Sie sich deshalb nicht die Haare aus. Verlieren Sie nicht den Mut, und halten Sie Ausschau nach einem Lichtblick am Ende des Tunnels.

Helfen Sie Ihrem Kind, bessere Wege zu finden, zufrieden zu sein, als andere schlecht zu machen.

Achtung, Ärger in Sicht!

Sabine macht mit einem ihrer Kinder eine schwierige Phase durch. Ihre Tochter Anna fordert ständige Aufmerksamkeit. Die kann selbst beim besten Willen keine Mutter geben. Ganz gleich, wie viele Geschichten ihr die Mutter abends vorliest oder wie viel Zeit sie ihr widmet, Anna fordert immer mehr. Sabine findet es sehr frustrierend, wenn ihre Tochter sie mitten in einer Tätigkeit unterbricht, also hat sie festgelegt, wann Anna sie unterbrechen darf und wann nicht. Das heißt, dass beide ihren Teil der Abmachung einhalten müssen, und Sabine muss manchmal bereit sein, eine Arbeit zu unterbrechen, um sich Zeit für ihre Tochter zu nehmen.

Kinder können nicht immer einschätzen, wie belastend ihr Verhalten zuweilen ist. Meistens merken sie gar nicht, dass sie einen ärgern oder frustrieren. Unsere Kinder haben die schreckliche Angewohnheit, den Fernseher auf volle Lautstärke zu stellen. Das macht mich verrückt. Ich könnte mehrmals am Tag ein Band laufen lassen, das sie anbrüllt: „Leiser stellen!" Geringfügige

Dinge werden auch oft mit größeren Problemen vermischt. Wenn Sie das Kind rügen, weil es zu spät nach Hause gekommen ist, mag es verlockend erscheinen, auch noch hinzuzufügen, dass es vorgestern das Radio zu laut angestellt hat. Aber es ist wichtig, mit jedem Problem gesondert umzugehen, statt es als Teil einer Kampagne gegen Ihre Maßstäbe zu behandeln. Tauschen Sie sich mit Ihrem Partner oder mit einer Person Ihres Vertrauens über solche Situationen aus. Versuchen Sie nicht, mit allem selbst fertig zu werden, auch wenn Sie mehr Zeit mit Ihrem Kind verbringen als alle anderen.

- **Bleiben Sie mit dem Kind im Gespräch,** ganz gleich, was es getan hat. Und wenn Sie mit ihm reden, halten Sie Augenkontakt. Es ist außerordentlich beunruhigend, mit jemandem zu sprechen, der Ihnen nicht in die Augen sieht. Augenkontakt vermittelt dem anderen, dass er für Sie wichtig ist. Es zeigt ihm auch, dass Sie dem, was er sagt, Aufmerksamkeit schenken und nicht mit einem Ohr Radio hören.
- **Verwenden Sie keine Taktiken des Kalten Krieges: Schweigen, Übersehen, mit Verachtung strafen u.ä.** Wenn Ihr Kind etwas falsch gemacht hat, muss es das wissen. Die Mutter meiner Freundin Anne setzte häufig Schweigen als Strafmaßnahme ein. Einmal sprach Annes Mutter tagelang nicht mit ihr, ohne jedoch der Tochter zu sagen, was sie überhaupt falsch gemacht hatte. Anne musste drei unglückliche Tage lang raten, was sie verbrochen hatte. Sie kriegte es nicht heraus. Schließlich sagte ihr die Mutter, weshalb sie nicht mit ihr gesprochen hatte – der Grund war kaum mehr als ein Missverständnis.
- **Werden Sie nicht zum Einzelkämpfer.** Bitten Sie andere um Hilfe, wenn Sie sie brauchen. Und versuchen Sie, sich dabei nicht als Versager vorzukommen. Versager sind diejenigen, die nicht erkennen, dass sie ein Problem haben. Wenn Sie erst einmal darüber reden, sind Sie schon auf dem besten Weg, eine Lösung zu finden. Geben Sie sich also einen inneren Ruck und sprechen Sie mit Freunden, Familienmitgliedern oder anderen Menschen, deren Meinung Sie schätzen.

Es gibt während des Tages unterschiedlich starke Stresssituationen. Für Mütter sind die stressigsten Zeiten, wenn sie ihre Kinder morgens zur Schule fertig machen und sie abends zu Bett

Andere um Hilfe zu bitten bedeutet nicht, dass Sie ein Versager sind.

bringen. Versuchen Sie sich nicht gerade in der Zeit noch zusätzliche Lasten aufzubürden, in der Sie besonders unter Druck stehen. Ich selbst habe mal in den wenigen Minuten, bevor wir das Haus verließen, angefangen, den Teppich zu saugen und gleichzeitig den Frühstückstisch abzuräumen. Ich spüre, wie die Spannung in mir steigt, wenn ich mir zu viel auflade, und wundere mich dann, warum die Kinder mich recht merkwürdig aus halbgeschlossenen Türen anstarren.

Nehmen Sie sich so viel Zeit wie möglich, wenn Sie aus dem Haus gehen oder Ihr Kind zu Bett bringen. Wenn Sie Ihren Fünfjährigen hektisch ins Bett verfrachten, während Sie sich zum Ausgehen fertig machen, ist die Katastrophe vorprogrammiert. Kinder brauchen Zeit, um am Ende des Tages abzuschalten, ebenso wie Sie selbst. Versuchen Sie also, vor der Zubettgeh-Zeremonie Zeit zum Entspannen einzubauen – das wird Ihnen beiden gut tun.

„Wer keine Fehler macht, macht in der Regel gar nichts"

Als Familie wursteln wir uns so durch und machen dabei eine Menge Fehler. Zu lernen, Ihren Kindern ihre Patzer zu vergeben, ist eine Sache. Ihnen beizubringen, den Eltern ihre Fehler zu vergeben, eine andere. Und wenn wir falsch handeln oder in der Hitze des Gefechts ausrasten, ist es an uns, um Verzeihung zu bitten. Wenn Sie auf Ihr Kind furchtbar wütend sind, bevor es sich auf den Schulweg macht, ist es wichtig, die Sache zu bereinigen, bevor das Kind für sechs Stunden aus dem Haus geht. Und es liegt an Ihnen, der Mutter, sich zu bemühen, den schwelenden Ärger und Groll zu überwinden, dem Kind zu erklären, wie Sie sich fühlen und die Erste zu sein, die sich entschuldigt.

Die meisten Mütter fühlen sich schrecklich schuldig, wenn sie auf ein Kind wütend waren und ihm eine Strafe aufgebrummt haben, die seinem Vergehen nicht angemessen war. Das geschieht in der Regel, wenn wir müde sind und ein weiteres Fehlverhalten des Kindes oder Streiterei unter Geschwistern zum Tropfen wird, der das Fass zum Überlaufen bringt. Das ist der Moment, wo Sie innehalten sollten, sich die Sache überlegen und hingehen und mit dem Kind reden, das Sie in sein Zimmer geschickt haben. Es ist auch der Moment, wo Sie erkennen sollten, ob oder was Sie selbst falsch gemacht haben. Wenn das in aller Ehrlichkeit und Offenheit geschieht, reagieren die Kinder positiv darauf und lernen durch Ihr gutes Beispiel.

Die sicherste Methode, Kindern beizubringen, anderen ihre Fehler zu verzeihen: Gehen Sie mit gutem Beispiel voran.

Vergeben ist nicht immer leicht. Es kostet Mühe, ist aber der einzige Weg, miteinander weiterhin auszukommen. Manchmal nehmen unsere Fehler im Rückblick geradezu legendäre Formen an. Meine Kinder erinnern mich mit dem größten Vergnügen an einige schreckliche Fehler, die ich begangen habe. Vor ein paar Jahren machten wir in einem bitterkalten April Urlaub in Norfolk, wo wir eine geradezu berüchtigte Wanderung unternahmen. Und, wie alle Legenden, ist das eine Geschichte, die mit jedem Mal, da sie erzählt wird, groteskere Formen annimmt.

Mir war es gelungen, den Rest der Familie davon zu überzeugen, dass eine vogelkundliche Wanderung über das Moor am Meer entlang genau das war, was wir alle brauchten. Wir hatten ein ganzes Sortiment schlecht sitzender Mützen und unterschiedlicher Handschuhe dabei, und so war jeder warm angezogen, bevor wir aufbrachen. Der Wind blies, sagen wir mal, ziemlich heftig, und der Boden war matschig. Wir waren schon ein ganzes Stück den Küstenweg entlangmarschiert, als das allgemeine Murren der Kinder sich einem neuen Thema zuwandte. Sie begannen sich zu streiten, ob der Niederschlag, der uns angeblich entgegenkam, aus Schnee, Hagel oder gefrorenen Erbsen bestand.

Ich wollte ihnen gerade erklären, dass all das unmöglich in Frage kam, als ich über das Moor schaute und einen Hagelsturm in unsere Richtung kommen sah. Zu dem Zeitpunkt waren wir schon so weit gelaufen, dass ein schneller Rückzug unmöglich war. Der nächste Unterschlupf war ungefähr zwei Kilometer entfernt, das Auto stand ungefähr drei Kilometer in entgegengesetzter Richtung. Wir hielten eine Besprechung ab und beschlossen, dass es das Beste sei, angesichts des drohenden Unwetters einen Unterschlupf zu suchen, und uns später darüber Gedanken zu machen, wie wir wieder zurück zum Auto kämen.

Nach zehn Minuten befanden wir uns mitten im Sturm, einer Mischung aus Hagel, Schneeregen und Schnee. Ich begann, ein munteres Lied anzustimmen, um die Gesellschaft zum Laufen zu ermutigen. Die Räder des Kinderwagens drehten sich kaum in dem Matsch, doch wir kämpften uns mit grimmiger Entschlossenheit vorwärts. Unsere Füße waren eiskalt, die Hände klamm, und ich hatte nicht genug Taschentücher dabei für all die tränenüberströmten Gesichter und triefenden Nasen. Schließlich stolperten wir auf den harten Asphalt der Straße und platschten in ein Cafe. Es wäre schön, würde die Geschichte an dieser Stelle enden, aber an diesem Punkt waren wir noch immer fast drei Kilometer vom Auto entfernt. Nach einer langen Pause, einigen Erfrischungen und eifrigen Bemühungen, unsere Zehen aufzuwärmen, machten wir uns wieder auf den Weg.

Die Kinder, von der Ältesten bis zum Jüngsten, waren stinksauer auf meinen Mann und mich, weil wir sie bei diesem scheußlichen Wetter sechs Kilometer hatten laufen lassen. Und wer hätte es ihnen verdenken können? Wir fuhren mit ihren Klagen im Ohr zum Haus zurück, und als die Kinder wieder auftauten und warm wurden, erhitzten sich auch ihre Gemüter. Unsere Entschuldigungen trafen zunächst auf taube Ohren, und sie waren eher geneigt, ihrem Ärger Luft zu machen, als unseren lahmen Erklärungen zuzuhören, dass wir einen großen Fehler begangen hatten. Mir wurde der größte Teil der Schuld in die Schuhe geschoben, da die ganze Unternehmung ja ursprünglich meine Idee gewesen war. Schließlich akzeptierten alle Kinder unsere Entschuldigungen, nachdem wir ihnen versprochen hatten, diesen Weg nie mehr zu gehen. Uns wurde vergeben, und der Familienfrieden war wiederhergestellt – zumindest für eine Weile.

Es ist manchmal schwer für ein Kind zu akzeptieren, dass auch Mama keineswegs perfekt ist. Jede Mutter hört auf dem Spielplatz die eine oder andere Geschichte von Supermüttern, und wenn ich ehrlich bin, wünschte ich mir auch,

Werfen Sie sich Ihre eigenen Fehler nicht zu lange vor. Ein sehen, eingestehen, hinter sich lassen. Selbstvorwürfe lähmen Sie nur und tragen schon den Keim zum nächsten Fehler in sich.

dass meine Kinder mich für die beste Mutter der Welt halten. Aber die meisten von uns sind keine Supermütter, sondern fehlbare menschliche Wesen: Wenn wir doch nur in eine Telefonzelle hüpfen könnten und als ein ganz anderer Mensch herauskämen, mit einem Umhang aus Satin und einer Lösung für alle Probleme! Wenn Ihr Kind lernen soll, dass Fehler kein Weltuntergang sind und dass man sie auch niemandem ewig nachträgt, dann lernen Sie, sich selbst zu vergeben. Machen Sie es wie die Eiskunstläufer, die stolpern und hinfallen, dann aber wieder aufstehen und ohne einen Moment zu zögern einen dreifachen Salchow hinlegen.

- Grämen Sie sich nicht wegen Dingen, die Sie falsch gemacht haben. Lernen Sie aus Ihren Fehlern und lassen Sie die Vergangenheit hinter sich.
- Seien Sie bereit, den ersten Schritt zu tun und um Verzeihung zu bitten. Das ist nicht nur ein Schritt zur Versöhnung, sondern auch ein gutes Beispiel für Ihre Kinder.
- Überlegen Sie, wie Sie in schwierigen Situationen zu einem Kompromiss kommen können.
- Belasten Sie sich selbst und Ihre Kinder nicht obendrein noch mit Schuldgefühlen, wenn Sie oder die Kinder etwas vermasselt haben. Gehen Sie die Probleme konstruktiv an und vergessen Sie sie dann.
- Sehen Sie die Dinge in der richtigen Perspektive. Was heute als großes Problem erscheint, mag sich in ein paar Wochen von ganz allein lösen. Und: Kinder werden erwachsen – es dauert nur ein wenig.

Monster unterm Bett

Wohin mit meinen Sorgen um mein Kind?

Ich war bei meiner Freundin Sarah zu Besuch und wollte einen entspannten Vormittag genießen, mit ihr Kaffee trinken und plaudern. Ich hatte meinen zweijährigen Sohn dabei, der einem Tornado auf zwei wackeligen Beinen glich. Er war gerade in der Phase, wo er alles ungemein interessant fand und es unbedingt erforschen musste. Wir saßen also gemütlich bei einer Tasse Kaffee, als er nur für einen Augenblick außer Sichtweite entschwand.

Einen Moment später hörte ich eine Tür zuknallen. Ich sprang auf, verschüttete den Kaffee und rannte los, um zu sehen, was passiert war. Zunächst schien es, als hätte mein kleiner Tornado ganz einfach die Tür hinter sich zugemacht, als er in Sarahs Diele stolperte. Dann sahen wir, dass der Türgriff aus dem Schloss gefallen war (sie hatte ihn schon vor einer Weile reparieren wollen) und sich mitsamt dem Kleinen in der Diele befand. Alles, was vom Türgriff übrig war, war ein viereckiges Stück Metall, das ziemlich wackelig aus dem Schloss herausragte.

Ich hörte durch die dicke Holztür einen Schlag und ein Plätschern, dann Stille. In mir stieg Panik auf. Die Fenster waren fest geschlossen und doppelt verglast, doch weit schlimmer war die Tatsache, dass Sarah kurz vor meiner Ankunft in der Diele gebügelt hatte, und das Eisen wohl abgeschaltet, aber noch heiß war. Ich spürte, wie Angst in mir aufstieg, konnte sie aber bezähmen. Während ich mit zusammengekniffenen Lippen dastand, spürte ich, wie meine Augen sich mit Entsetzen füllten. Wir brauchten entweder einen Schraubenzieher oder einen Feuerwehrmann und entschieden uns zunächst für den ersteren.

Sarah verschwand im Schrank unter der Treppe – fast drei Wochen lang, wie mir schien, während ich vor der Tür stand und versuchte, beruhigend auf einen kleinen Jungen einzureden, dem das ganze Spiel allmählich langweilig wurde, und der nach Hause gehen wollte. Ich tröstete mich damit, dass er nicht an den Vorhängen hochklettern konnte, während er heulte – ich wusste, dass es ihm schwer fallen würde, beides zur gleichen Zeit zu tun. Und während der ganzen Zeit schossen mir Bilder durch den Kopf von Feuerwehrmännern, die durch das doppelt verglaste Fenster einbrachen, sowie andere Visionen, die zu schrecklich sind, um sie zu erwähnen.

Schließlich tauchte Sarah, nachdem sie eine ganze Weile im Schrank herumgestöbert und -geklappert hatte, mit einem fröhlichen Grinsen wieder auf. Ich drehte mich um und sah, dass sie triumphierend eine Glühbirne hochhielt. Da machte sich meine Angst endlich Luft, und ich brüllte sie an. Glaubte sie etwa, wir könnten das Schloss mit einer Glühbirne aufbrechen? Es stellte sich heraus, dass in dem Schrank kein Licht war, also musste sie erst einmal eine Birne finden, um nach dem Schraubenzieher suchen zu können. Ich stieß nur ein paar hohe, quiekende Töne aus, während Sarah wieder im Schrank verschwand. Einen Augenblick später hatten wir Licht, und bald waren wir damit beschäftigt, einen anderen Türgriff abzuschrauben und ihn an der Dielentür zu befestigen.

Schließlich lag ein kleiner, tränenüberströmter Junge in den Armen seiner ebenfalls weinenden Mutter. Ich lehnte das Angebot einer Tasse Tee ab, die meine Nerven beruhigen sollte, und zog es vor, in die relative Sicherheit meines eigenen Heims zurückzukehren. Hier wusste ich, dass die Türgriffe fest saßen und der Schrank unter der Treppe beleuchtet war.

Kampf oder Flucht?

Angst ist eine seltsame Sache. Der plötzliche Adrenalinstoß lässt uns reagieren – was als Kampf- oder Flucht-Mechanismus bekannt ist. Sie sind entweder bereit, sich Ihrem Feind zu stellen oder wie ein Hundertmeterläufer davonzusprinten. Sie handeln im Bruchteil einer Sekunde, Sie packen das Kleinkind, wenn es gerade auf die Straße rennt, oder brüllen die Fünfjährige an, die mit dem Rad auf die Schaukel zufährt, auf der ihr ihr neunjähriger Bruder entgegenschwingt. Und es gibt viele Situationen, in denen Sie auf diese schnelle Reaktion angewiesen sind. Aber zu viel Adrenalin kann sich auch negativ auswirken. Wenn Sie in einer Situation sind, wo Sie das Gefühl haben, völlig hilflos zu sein, ertappen Sie sich dabei, wie Sie entweder unzusammenhängende Worte quieken oder herumrennen wie das sprichwörtliche Huhn ohne Kopf. Das Problem beginnt, wenn solche Panikattacken zu oft eintreten – in Situationen, wo es wirklich nicht nötig ist, wegzulaufen oder zu kämpfen. Das Adrenalin schwirrt dann in Ihrem Körper herum und sucht nach einer sinnvollen Betätigung. Üben Sie sich also immer wieder darin, unnötige Panik zu vermeiden, die Ihren Körper in Alarmzustand versetzt. Denken Sie daran, dass Sorgen Ihr Leben nicht um eine einzige Stunde verlängern – eher wird es um viele Stunden verkürzt! Und das Problem wird durch Angst und Sorge auch nicht gelöst. Wenden Sie Ihre Aufmerksamkeit vielmehr darauf, was Sie tun *können*, um die Situation zu entschärfen.

Sorge ohne sinnvolles Handeln führt zu nichts Gutem. Üben Sie es, sich nicht unnötig aufzuregen, und sachliche Lösungen zu suchen, wenn Ihre Nerven mit Ihnen durchgehen wollen.

Doch Angst muss sich nicht immer so dramatisch abspielen. Sie kann zum Dauerbegleiter werden, wenn wir uns um unsere Kinder Sorgen machen, um ihre Sicherheit, ihre Zukunft oder ihre schulischen Probleme. Unsere Furcht nährt sich aus dem, was sein könnte, nicht aus dem, was ist. Wir machen uns Sorgen, was aus unseren Kindern werden soll, ob sie ihre Prüfungen bestehen, eine Arbeitsstelle bekommen oder in einer Welt zurechtkommen, in der immer mehr Druck herrscht. Erst seit dem letzten Jahrhundert können wir uns den Luxus leisten, uns darum zu sorgen, was unsere Kinder im Leben erreichen werden. Davor war es die größte Sorge der Eltern, ob ihre Kinder am Leben bleiben, nicht, ob sie in sechzehn Jahren ihr Abitur machen.

Wie verbreitet sie auch sein mag – Sorge ist weder nützlich noch produktiv. Sorge ist nichts weiter als ein machtloses Monster, das „buh“ ruft und uns erschreckt. Aber in Wirklichkeit hat sie keine Macht, uns zu verletzen. Die meisten unserer Sorgen sind unbegründet und sollten somit in Comics verbannt werden, wo sie nach Herzenslust buhen und toben können.

Komm gesund zurück ...

Alina hat einen zehnjährigen Sohn, der nicht gern von zu Hause fortgeht. Er ist ein ausgeglichenes Kind, zieht aber einfach die Geborgenheit seines häuslichen Umfelds vor. Alina machte sich große Sorgen, als sie erfuhr, dass in sechs Monaten ein Landschulheimaufenthalt geplant war, was bedeutete, dass Jonas ein paar Tage von zu Hause fort sein würde. Und tatsächlich verkündete der Junge, dass er nicht mitfahren wolle, basta. Im Laufe der nächsten Monate wurde jedoch klar, dass alle anderen aus Jonas' Klasse ins Landschulheim fahren würden, und er der Einzige war, der daheim bleiben wollte. Alina war hin- und hergerissen: Einerseits wollte sie ihren Sohn nicht zu etwas drängen, das ihm ganz eindeutig Unbehagen bereitete. Andererseits wollte sie nicht, dass er der Einzige sein würde, der eine tolle Zeit mit seinen Klassenkameraden verpasste. Alina beschloss, keinen Druck mehr auf den Jungen auszuüben und stattdessen die positive Seite der Klassenfahrt herauszustellen. Sie freute sich sehr, dass ungefähr eine Woche, bevor die Klasse in die große weite Welt entschwand, Jonas seine Meinung änderte und sich zu der Fahrt anmeldete.

Es gibt hilfreiche Techniken, mit denen man es lernen kann, von seinen Sorgen Abstand zu nehmen. Wenn Sie ein „Sorgentyp" sind, erlernen Sie eine solche Technik. Sie kann Ihnen viele schlaflose Nächte ersparen.

In der Woche, in der Jonas fort war, litt Alina Höllenqualen. Da diese Situation sie sechs Monate lang belastet hatte, war sie zu solch einem Problem für sie geworden, dass sie nun nicht einfach abschalten konnte. Als Jonas dann wieder nach Hause kam, traute Alina ihren Ohren kaum. Während sie sich eine Woche lang Sorgen gemacht hatte, hatte Jonas sich prächtig amüsiert. Er erklärte, er habe keinen aus seiner Familie vermisst, und es sei schade, dass er schon wieder zu Hause sei!

Schlaflose Nächte

Schlaflose Nächte tun niemandem gut, aber es ist sehr schwer abzuschalten, wenn man scheinbar unüberwindliche Schwierigkeiten vor sich sieht. Hier ist es wichtig zu erkennen, welche Probleme man lösen kann und welche nicht, wie es in dem bekannten Gebet heißt: „Gott, gib mir die Gelassenheit, Dinge anzunehmen, die ich nicht ändern kann, den Mut, Dinge zu ändern, die ich ändern kann, und die Weisheit, das eine vom anderen zu unterscheiden." Dieses Wissen, was man tun kann und was man einfach lassen muss, ist wichtig für unseren Seelenfrieden.

Wenn Ihr Kind zum Beispiel zu Hause oder in der Schule ein Problem hat, sprechen Sie mit jemandem darüber – einer guten Freundin oder einer anderen Person Ihres Vertrauens. Nur nicht mit einer anderen Mutter, die bereits zur „Weltmeisterin im Sorgen" gekürt worden ist und die Ihre Befürchtungen nur noch verstärkt. Es ist erstaunlich, wie viele Lasten wir mit uns herumschleppen in der Meinung, niemand außer uns habe solche Probleme. Sprechen Sie mit anderen Müttern, und Sie werden merken, dass viele Kinder sich nicht richtig ernähren und von Keksen und Süßkram leben und dass Sie nicht die Einzige sind, die sich über die Entwicklung Ihres Kindes Gedanken macht. Meilensteine in der Entwicklung sind nur Anhaltspunkte; Sie müssen nicht in Panik geraten, wenn Ihr Kind sich nicht genau „nach Plan" entwickelt. Die meisten Kinder sind weitaus widerstandsfähiger, als wir glauben. Machen Sie sich also nicht unnötig Gedanken darüber, dass Ihr Kind Schnecken sammelt, ihnen Namen gibt (die es auf die Schneckenhäuser schreibt) und sie im Badezimmer aufbewahrt. Und machen Sie sich nicht allzu viele Sorgen über unwahrscheinliche Möglichkeiten: Die Tatsache, dass Ihr Sohn oder Ihre Tochter Barbiepuppen zerlegt, heißt nicht automatisch, dass das Kind als Serienmörder endet.

Reden Sie mit anderen Müttern – es entlastet zu wissen, dass Sie nicht die einzige Mutter sind, die einen ungebändigten Wüterich zu Hause hat!

Wenn Sie in der Vorschulgruppe oder auf dem Spielplatz mit anderen Eltern reden, werden Sie schnell begreifen, dass Sie nicht die einzigen Eltern auf der Welt sind, die Disziplinprobleme mit einem Zweijährigen haben, der Kartoffelchips und Stifte in den Videorecorder steckt. Kinder stellen nicht alle das Gleiche an, aber sie machen alle die gleichen Phasen durch. Ein kleiner Erfahrungsbericht von anderen Müttern kann hier viel Entlastung bewirken.

Manchmal hilft nur die Flucht nach vorn

Wenn die Probleme ernsthafter sind, müssen Sie etwas unternehmen. Wenn Ihr Kind große Schwierigkeiten in der Schule hat, machen Sie einen Termin mit dem Klassenlehrer aus, statt schlaflose Nächte zu verbringen in dem Bewusstsein, dass die Lage ja doch aussichtslos ist. Unternehmen Sie etwas gegen das Problem, statt es in sorgenvollen Gedanken und Grübeleien immer größer werden zu lassen. Es ist viel besser zu sagen: „Ich muss etwas tun" als: „Es muss etwas geschehen." Wenn Ihr Kind krank ist und Sie sich sorgen, gehen Sie mit ihm zum Arzt, statt eine Stunde lang alle möglichen Krankheiten im medizinischen Hausbuch nachzuschlagen und das Schlimmste zu befürchten. Ärzte sind es gewöhnt, überängstliche Mütter zu beruhigen, und so lange Sie sie nicht mitten in der Nacht wegen eines Mückenstichs auf der Nase aus dem Bett holen, werden sie sich gerne mit Ihrem Anliegen beschäftigen. Auch Gesundheitsämter, Heilpraktiker oder Apotheker sind für Sie da. Machen Sie sich ihr Wissen zu Nutze.

In dem Kinderbuchklassiker *Pu der Bär* gibt es ein Kapitel mit dem Titel: „In welchem Pu und Ferkel auf die Jagd gehen und beinahe ein Wuschel fangen". Es ist eine köstliche Geschichte, in der Pu und Ferkel ihre eigenen Pfotenabdrücke im Schnee für die einer seltsamen Kreatur halten. Je öfter sie im Kreis herumlaufen und sich immer mehr vor dem „egal, was es ist" fürchten, desto mehr Pfotenabdrücke machen sie. Und je mehr Pfotenabdrücke sie sehen, desto besorgter werden sie, denn diese seltsamen Tiere könnten ja „feindliche Absichten" hegen.

Es ist ein schmaler Grat zwischen den sorgenvollen Gedanken, die sich endlos im Kreis drehen, wenn eigentlich gar kein Grund zur Sorge besteht, und dem nagenden Unbehagen, das Sie zum Handeln veranlasst. Werden Sie sich genau darüber klar, was Ihnen eigentlich Angst macht, und überlegen Sie, in welche Kategorie diese Sorge fällt. Oft genügt die Tatsache, dass Sie etwas Praktisches unternehmen, wie mit einem Lehrer, Arzt oder einer anderen Mutter zu sprechen, um der Angst die Spitze zu nehmen.

Ich habe das Problem, dass ich an einer chronischen Krankheit leide. Das bedeutet, dass es mir oft nicht gut geht und ich mein ganzes Leben lang einen Balanceakt wegen meiner Gesundheit vollführen muss. Ich habe mir nicht nur Sorgen wegen meines körperlichen Zustands gemacht, sondern es belastete mich auch, welche Auswirkungen meine Klinikaufenthalte und häufige Bettlägerigkeit auf die Kinder haben. Wenn es mir nicht gut geht, sind meine Möglichkeiten begrenzt., und wenn ich einen Klinikaufenthalt vermeiden will, muss ich im Bett bleiben. Ich habe viel darüber gegrübelt, dass ich keine „normale" Mutter sei, weil „normale" Mütter sich nicht jeden Abend um sieben ins Bett legen müssen. Sie sitzen auch nicht weinend auf dem Küchenboden, wenn sie sich elend fühlen. Mit der Zeit bemerkte ich jedoch, dass die Kinder an den Tagen, an denen ich mich hinlegen muss, sich zu mir setzen und mit mir reden. Es kommt selten vor, dass sie sich an meinem Bett streiten, sie sprechen entweder über das, was sie im Laufe des Tages erlebt haben, oder machen gemeinsam mit mir Hausaufgaben, oder wir lesen etwas zusammen. Unten mag der Fernseher laufen, aber hier oben bin ich ein unfreiwilliges Publikum, das sich ihnen unabgelenkt zuwendet. Und so lange sie nicht wie Affen auf mir herumspringen, höre ich ihnen zu. Es ist erstaunlich, wie gerade das, was mir Sorgen bereitet hat, am Ende zu etwas Gutem geworden ist.

Manchmal möchte man Mäuschen spielen

Irgendwann sind die Kinder alt genug, um allein wegzugehen. Dann bleibt Ihnen nichts anderes übrig, als einfach darauf zu vertrauen, dass sie sicher wieder heimkommen. Schließlich können Sie Ihren halbwüchsigen Kids nicht überallhin folgen oder sie auf Schritt und Tritt von einem Überwachungssatelliten beobachten lassen. Sie können sehr wenig tun, um sicherzustellen, dass den Kindern nichts geschieht, und Sorgen nützen rein gar nichts. Vielleicht müssen Sie auch einmal etwas unternehmen, wenn sie zu spät nach Hause kommen. Auch hier gilt es wieder zu unterscheiden, wann man sich wirklich Sorgen machen muss und wann die Ängste unbegründet sind.

Unsere Töchter kommen normalerweise immer zur selben Zeit aus der Schule. Ich weiß jedoch, dass sich die Busse hin und wieder verspäten, dass sie besetzt sind oder dass mal einer ausfällt. Also habe ich immer eine halbe Stunde Spielraum im Hinterkopf, der solche Eventualitäten abdeckt. Wenn sie dann aber immer noch nicht zu Hause sind und auch nicht angerufen haben, stehe ich in der Regel in regelmäßigen Abständen am Fenster, luge durch den Vorhang und kämpfe darum, nicht in Panik zu geraten. Und normalerweise schlendern sie dann irgendwann herein und fragen mich, was eigentlich los ist. Ich weiß, dass mir solches Verhalten keineswegs gut tut, aber ich arbeite an mir, immer in der Hoffnung, dass ich eines Tages ein wahrer Ausbund an Gelassenheit bin.

Versuchen Sie, zu unterscheiden, welche Sorgen Sie konstruktiv angehen können und müssen und welche sich mit der Zeit von selbst in Wohlgefallen auflösen.

„Macht euch keine Sorgen ..."

Unsere Kinder haben ein Videospiel, bei dem es darum geht, sieben schreiende Babys vor scheußlichen großen blauen Aliens zu retten. Die Babys krabbeln munter hinter dem Helden her, während der die bedrohlichen Aliens in Luft auflöst. Dies ist ein Spiel, zu dem ich nicht die geringste Lust habe – für mich als

Mutter steckt hier zu viel Wahrheit drin! Wenn Sie halb krank vor Sorge um Ihre Kinder sind, haben Sie vielleicht auch manchmal das Gefühl, als müssten Sie sie vor „was immer da draußen ist" beschützen. Ob Sie nun sieben Babys zu beschwichtigen haben oder nicht, machen Sie sich nicht so lange verrückt, bis Sie glauben, dass es in der Welt nur so von riesigen blauen Aliens wimmelt – Kreaturen, die nur darauf warten, Sie zu verschlingen.

Wenn Sie bereits rekordverdächtig im sorgenvollen Grübeln sind, tun Sie Dinge, die Ihnen die Zeit vertreiben und Ihre Gedanken von all den Möglichkeiten ablenken, die Sie ja doch nicht ändern können. Tun Sie etwas, das *Ihnen* Spaß macht, oder, wenn das nicht klappt, erledigen Sie etwas, das Sie immer vor sich hergeschoben haben, wie das Regal unter der Treppe aufzuräumen oder den Backofen zu reinigen. Es ist erstaunlich, wie positiv sich körperliche Aktivität auf die Seele auswirkt. Treffen Sie eine bewusste Entscheidung, sich keine Sorgen mehr zu machen, bevor die Sorgen Sie in den Griff bekommen. Machen Sie sich nicht schon sechs Monate im Voraus verrückt, ob Ihr Kind sich gut in den Schulalltag einlebt. Überqueren Sie jede Brücke erst dann, wenn Sie ans entsprechende Ufer gelangt sind, und nicht drei Jahre vorher – in der Zwischenzeit kann viel geschehen, und vielleicht gibt es die Brücke dann gar nicht mehr. Leider können wir nicht sehen, was uns die Zukunft bringt, sodass wir die Probleme angehen können, bevor sie auftauchen. Sie können Ihr Kind nur so gut wie möglich auf das vorbereiten, was vor ihm liegt. Sorgen Sie für seine Sicherheit, soweit es in Ihrer Macht steht, und dann lassen Sie es gehen. Die allermeisten Kinder werden erwachsen, ohne Schaden zu nehmen, bestehen ihre Prüfungen und finden eine Arbeitsstelle, egal wie viele Sorgen sich ihre Mütter gemacht haben. Es wird ihnen nicht besser gelingen, je mehr Sie in Panik geraten!

Fragen Sie sich immer wieder einmal, ob Sie die Dinge in der richtigen Perspektive sehen. Und korrigieren Sie übertriebene Befürchtungen.

- Dauernde Sorge tut niemandem gut. Sie bewirkt eigentlich überhaupt nichts Positives. Sie können sich Ihr Leben lang um etwas Sorgen machen, das vielleicht nie eintritt. Lassen Sie Ihren sorgenvollen Gedanken nicht einfach freien Lauf, sondern beherrschen Sie sie.

- Freuen Sie sich an dem, was Sie heute haben, statt sich ständig darüber Sorgen zu machen, was Sie morgen vielleicht nicht mehr haben.
- Bauschen Sie die Dinge nicht auf. Machen Sie aus einer Mücke nicht einen Elefanten, nur damit Sie etwas haben, worüber Sie sich ernsthaft Sorgen machen müssen.

Wie die Mutter, so die Tochter; wie der Vater, so der Sohn?

„Alle Frauen werden wie ihre Mütter." Dieses berühmte Zitat aus Oskar Wildes Stück *Ernst sein ist alles* reicht aus, um viele Mütter erstarren zu lassen. Für manche Frauen ist der Gedanke, sie könnten so werden wie ihre Mutter, ein Alptraum. Wenn Sie mit ihrer eigenen Mutter schlechte Erfahrungen gemacht haben, haben Sie möglicherweise Angst, diesen Teufelskreis zu wiederholen und nicht aus dem eingefahrenen Gleis herauszukommen. Manche Mütter halten nach jedem kleinen Anzeichen Ausschau, dass diese Verwandlung stattfindet – sie lugen immer wieder in den Spiegel, um zu sehen, ob ihnen vielleicht das Bild ihrer Mutter entgegenblickt. Andere fügen sich einfach in das scheinbar Unausweichliche.

In dem Film *Krieg der Sterne* glaubt Darth Vader, dass sein Sohn Luke Skywalker dazu ausersehen ist, so zu werden wie er, nämlich böse. Um das sicherzustellen, lockt Darth Vader seinen Sohn in eine Falle und übergibt ihn dem bösen Herrscher. Doch Luke hat anderes vor, und es gelingt ihm zu fliehen. Es gelingt ihm nicht nur, den Teufelskreis zu durchbrechen, sondern Luke glaubt auch, dass sein Vater sich zum Guten wandeln kann. Es genügt ihm nicht, den Teufelskreis nicht einfach fortzuführen; er ist vielmehr entschlossen, alles zu tun, was in seiner Macht steht, um den Kreislauf zurückzudrehen und ins Gegenteil zu verkehren.

Die Wahrheit ist, dass kein Mensch genauso ist wie seine Mutter oder sein Vater. Wir alle sind fähig, uns zu entwickeln und aus den Erfolgen und Fehlern der Vergangenheit zu lernen. Akzeptieren Sie also nicht, was Sie für das Unvermeidliche halten. Sie müssen eine Identität entwickeln, die sich von der Ihrer Mutter unterscheidet. Machen Sie sich klar, welche Eigenschaften Ihrer Mutter Sie für positiv halten, welche ihrer Fähigkeiten und Wertvorstellungen Sie respektieren. Und überlegen Sie auch, wo Sie die Erziehung, die Sie selbst genossen haben, kritisch sehen, was Sie mit Ihren Kindern anders machen wollen und wie Sie vermeiden können, dieselben Fehler zu wiederholen. Wenn nötig, vergeben Sie Ihrer Mutter das, was sie falsch gemacht hat – in Ihrem Herzen, wenn es nicht in einer direkten Aussprache möglich ist –, und dann gehen Sie Ihren eigenen Weg unbeirrt weiter. Lassen Sie sich nicht von Ihrer Vergangenheit binden.

Jede Frau, die Mutter wird, bringt ein bestimmtes Bild davon mit, was es heißt, Mutter zu sein. Das ist womöglich ein *Fantasiebild in Reinkultur*, das darauf beruht, wie unsere Mutter war oder eine stereotype Vorstellung, die sich an all dem orientiert, was unsere Mutter nicht war. Sicher haben unsere Mütter (und Großmütter) einen bedeutenden Einfluss auf unsere Ideale, aber halten Sie sich immer vor Augen, dass Sie einen Erziehungsstil entwickeln, der ganz und gar Ihr eigener ist.

Im Gegensatz zur allgemeinen Vorstellung sind wir im Leben *tatsächlich* auf Rosen gebettet – und die bestehen aus Dornen und aus Blüten. Für Ihr Glück ist es entscheidend, ob Sie sich auf die Dornen oder die Rosen konzentrieren. Es gibt nur wenige Momente im Leben, die völlig frei von Sorgen sind, wenige Tage, an denen Kinder sich untadelig benehmen und Sie nicht von dem traumatischen Wunsch geplagt werden, Ihre lieben Kleinen einmal gehörig durchzuschütteln. Wenn solche sorglosen Augenblicke kommen, machen Sie das Beste daraus, denn sie sind kostbar. Genießen Sie sie in vollen Zügen, und lassen Sie die Sorgen außen vor. Und dann denken Sie daran, dass die meisten der oft unbedeutenden Dinge, die Sie stundenlang beschäftigen, sich mit der Zeit von selbst in Wohlgefallen auflösen und Sie vergessen, dass es sie überhaupt gegeben hat!

Berufstätige
Mütter GmbH
Posteingang
Im Hinterkopf

2

Praxis

„Und jetzt mein nächstes Kunststück ..."

Wie bringe ich Beruf und Familie unter einen Hut?

In dem Film *Multiplicity* (Vervielfältigung) glaubt die Hauptfigur Doug, dass sein Leben einfacher würde, wenn er mehrere Kopien von sich selbst hätte. Er beschließt, sich klonen zu lassen, und bald gibt es vier Dougs, die verschiedene Bereiche seines Lebens abdecken. Einer ist Haushaltsexperte und kümmert sich um die Kinder; einer ist berufstätig; einer ist vollkommen nutzlos und sitzt den ganzen Tag in der Garage und futtert – und der echte Doug hat nun viel Zeit, das zu tun, wozu er Lust hat. Am Anfang klappt alles wunderbar, und jeder Klon kann für die anderen einspringen, wenn es ein Problem gibt, doch schließlich gibt es ein ziemliches Durcheinander. Am Schluss wird das Leben für Doug viel komplizierter als zu der Zeit, da es nur ein Exemplar von ihm gab, und er merkt: Selbst wenn man vier Körper hat – das Leben ist ziemlich hart!

Berufstätige Mütter hat es schon immer gegeben; sie sind kein neues Phänomen. 1901 ergab eine Volkszählung, dass es in England und Wales vier Millionen berufstätige Frauen gab. Und während in unseren Köpfen noch Bilder von großbürgerlichen „Gnädigen Frauen" herumgeistern, die nichts anderes zu tun hatten, als für Wohltätigkeitsbasare zu handarbeiten und in enormen Reifröcken in geräumigen Villen herumzustolzieren, gehörten in Wirklichkeit die meisten Frauen zur arbeitenden Bevölkerung, und viele plagten sich unter erschreckenden Bedingungen. Frauen bekamen Kinder und gingen dann wieder arbeiten, hatten oft einen viel längeren Arbeitstag als wir und verbrachten viel weniger Zeit mit ihren Kindern, als wir uns das heute vorstellen. Erst im Laufe des zwanzigsten Jahrhunderts geriet die Vorstellung ins Blickfeld, dass die Mutter zu Hause bleiben sollte, und eine „gute Mutter" war eine, die ihre ganze Zeit dem Haushalt und der Familie widmete. Jetzt kehrt sich das Ganze um, und wir haben wieder eine Situation, wo es allgemein anerkannt ist, dass viele Mütter arbeiten gehen müssen. Und nun gilt es, die Mutterrolle mit der Berufstätigkeit zu vereinbaren. Seien wir doch mal ehrlich: Wenn wieder ein Kind da ist, braucht man alles Geld, das man verdienen kann.

Mütter akzeptieren zwar heute, dass sie arbeiten müssen oder wollen, aber im Gegensatz zu früher haben sie oft das Gefühl, dass sie ihren Kindern nicht gerecht werden, wenn sie nicht zu Hause sind. Schuldgefühle sind nicht immer schlecht. Manchmal brauchen wir sie, um endlich ein anstehendes Problem anzupacken. Aber wenn Sie sich schuldig fühlen, weil Sie nie da sind, wo Sie sein wollen und nicht Ihren eigenen Maßstäben gerecht werden können, sitzen Sie in der Falle. Wir wissen heute so viel über die Entwicklung unserer Kinder, dass wir uns nicht nur Sorgen um ihre Gesundheit machen, sondern auch um ihre psychische Verfassung.

Wissen ist ein zweischneidiges Schwert, und die einzige Möglichkeit, damit umzugehen, ist, die Situation, in der Sie sich befinden, zu akzeptieren und zu versuchen, das Beste daraus zu machen. Seien Sie ehrlich mit sich selbst in Bezug auf die Entscheidungen, die Sie getroffen haben und auf die Gründe dafür. Wenn Sie sich entschlossen haben, berufstätig zu sein, konzentrieren Sie sich auf die Vorteile, die das für die ganze Familie hat – sehen Sie also das, was Sie tun, in einem positiven Licht. Solange Sie dafür sorgen, dass die Arbeit nicht Ihr ganzes Leben in Beschlag nimmt und die Kinder erst ganz am Schluss berücksichtigt werden – stehen Sie zu dieser Entscheidung. Wie immer Ihre Lebensumstände aussehen, Sie werden Ihre Prioritäten und Aktivitäten immer wieder hinterfragen müssen – Kinder entwickeln sich und jeder Entwicklungsschritt Ihres Kindes kann eine andere Prioritätensetzung in Ihrem Alltag erfordern. Halten Sie sich jedoch vor Augen, dass Kinder sehr schnell heranwachsen und die Zeit, die Sie mit ihnen verbringen können, sehr begrenzt ist.

Linda hat zwei schulpflichtige Kinder und arbeitet als Krankenschwester. Obwohl Lindas Mann ein recht gutes Einkommen hat, können sie nicht allein mit seinem Gehalt auskommen. Das größte Problem, mit dem Linda sich herumschlägt, ist nicht die Kinderbetreuung, da sie eine wunderbare Tagesmutter gefunden haben. Es sind ihre Schuldgefühle, dass sie nicht selbst für ihre Kinder da ist. Linda hat das Gefühl, ihre Kinder im Stich zu lassen, wenn sie außer Haus arbeitet; aber auch, dass sie ihnen nicht gerecht würde, wenn sie zu Hause bliebe und die Familie nicht genug Geld hätte. Was sie auch tut, sie ist in einer Schuldfalle gefangen.

Schuldgefühle scheinen für viele berufstätige Mütter Teil ihrer Arbeitsplatzbeschreibung zu sein. Wenn Sie sich schuldig fühlen, weil Sie außer Haus arbeiten, verlieren Sie nicht die Tatsache aus dem Auge, dass Sie durch Ihre Arbeit ja auch für Ihre Kinder sorgen: Weil Sie arbeiten, haben die Kinder Essen auf dem Teller und Schuhe an den Füßen. Seien Sie realistisch, was Ihre Erwartungen betrifft. In einer vollkommenen Welt hätten Sie vielleicht anders gehandelt: In einer vollkommenen Welt würden Mütter für das, was sie tun, ungefähr 500,000 Euro im Jahr bekommen (so hörte ich kürzlich im Radio), doch leider ist unsere Welt alles andere als vollkommen. Sie sollten sich aber auch nicht verrückt machen, indem Sie Vergleiche mit Ihrer eigenen Kindheit anstellen. Viele heutige Mütter hatten Mütter, die nicht berufstätig waren. Die Generation Ihrer Mutter mag das anders gehandhabt haben, aber das heißt nicht, dass Sie alles genauso machen müssen. Bestimmen Sie Ihre Rolle, in dem Sie Arbeit und Kinder miteinander in Einklang bringen, statt sie als zwei Bereiche zu sehen, die im tödlichen Streit miteinander liegen.

Seien Sie ehrlich mit sich selbst. Wenn Sie sich schuldig fühlen, dass Sie berufstätig sind und sich gleichzeitig um eine Familie kümmern müssen, halten Sie inne und ziehen Sie Bilanz. Ist das Schuldgefühl berechtigt, ziehen Sie Konsequenzen, wenn nicht, lassen Sie sich nicht länger davon beeinträchtigen.

Natürlich gibt es auch Mütter, die ins andere Extrem gehen. Angela hat drei Kinder und arbeitet ganz in der Nähe von zu

Hause in einem Büro. Ihre Firma betreibt eine Kinderkrippe, also nimmt sie ihre jüngste Tochter mit. Die beiden älteren Kinder sind in der Schule, und sie bezahlt ein Taxi, das die Kinder jeden Tag dort hinbringt. Sie hat auch organisiert, dass jemand die Kinder von der Schule abholt und für sie kocht. Zusätzlich bezahlt Angela jemanden, der ihre Wäsche wäscht und bügelt. Angelas Arbeitskollegen halten sie für verrückt, da es für sie auf der Hand liegt, dass Angela der ganzen Situation nicht gewachsen ist. Außerdem hätte sie den ganzen Aufwand auch gar nicht nötig, denn raten Sie mal: Am Ende des Tages hat sie nichts verdient. Ihr Gehalt reicht kaum für all die Kinderbetreuungs- und Haushaltsarrangements. Angela arbeitet, weil sie ihren Beruf liebt und es nicht ertragen kann, zu Hause zu bleiben. Natürlich entsteht hier die Frage, ob die ganze Sache den Stress wert ist, alles so teuer zu organisieren. Das muss jede Frau für sich selbst entscheiden. Wenn man mich fragt: Ich würde es bestimmt anders machen. Berufstätig sein und eine Familie betreuen ist ein Drahtseilakt, der die Bedürfnisse aller Familienmitglieder berücksichtigen muss, nicht nur die der Mutter.

Sie haben vielleicht das Gefühl, dass Sie Ihren eigenen Idealen vom Mutterdasein nicht gerecht werden – denken Sie daran: Sie sorgen auch für Ihre Familie, wenn Sie berufstätig sind.

Drei Möglichkeiten

Wenn Sie nach der Geburt eines Kindes wieder arbeiten wollen, gibt es drei Möglichkeiten: Entweder Sie gehen nach dem Mutterschaftsurlaub wieder in Ihren Beruf zurück und machen weiter wie bisher (nur ein wenig müder). Oder Sie geben Ihre bisherige Stelle auf und arbeiten Teilzeit (Teilzeittätigkeiten sind weniger gut bezahlt, aber vielleicht stellen Sie fest, dass Sie genug verdienen, um über die Runden zu kommen). Oder aber Sie arbeiten zu Hause. Wenn Sie Verkäuferin oder Tierpflegerin sind, mag Ihnen diese Option nicht zur Verfügung stehen, aber wenn Sie mit einem Computer umgehen können, ist es eine Möglichkeit. Bei jeder Lösung gibt es ein Für und Wider. Da unsere Gesellschaft Berufstätigkeit in der Regel höher bewertet als Mutterschaft, liegt es an Ihnen und Ihrem Einfallsreichtum, alles miteinander in Einklang zu bringen. Wenn Sie in Ihrem Beruf bleiben, müssen Sie vieles organisieren, aber Sie unterbrechen nicht Ihre Karriere. Wenn Sie Teilzeit arbeiten, wird Sie Ihre Arbeit womöglich weniger befriedigen, aber Sie brauchen sich nicht jeden Tag um die Kinderbetreuung Gedanken zu machen.

Wenn Sie zu Hause arbeiten, haben Sie die Möglichkeit, sich selbst um Ihr Kind zu kümmern, aber auch hier ist Frustration vorprogrammiert. Während ich hier sitze und schreibe, werde ich dauernd mit allen möglichen seltsamen Fragen bombardiert, die ich bestenfalls schlecht beantworte und schlimmstenfalls überhaupt nicht, weil ich ganz und gar auf meine Arbeit konzentriert bin. Ich habe auch nicht unendlich viel Zeit zum Schreiben – mein Tag ist in Teilabschnitte eingeteilt, die ich um all das Abholen und Herumtragen gruppieren muss, das von mir erwartet wird. Um 8 Uhr morgens erfahre ich, dass eines meiner Kinder bis morgen einen neuen Turnbeutel haben muss, sonst … Ein anderes meint: „Wenn du schon in der Stadt bist, kannst du mir einen neuen Füller/Schnellhefter/französisches Wörterbuch mitbringen, weil ich meinen verloren habe / ein Geschenk für die Geburtstagsparty morgen abend brauche etc.“, und plötzlich sehe ich, wie sich meine geplanten fünf Stunden Arbeitszeit vor meinen Augen in Luft auflösen. Und in den Ferien ist es noch schlimmer. Neulich transportierten die Kinder ein Klettergerüst in den Garten, damit sie auf ein Flachdach steigen konnten, während ich am Fenster saß und am Computer arbeitete – ich habe gerade noch rechtzeitig einen Blick nach draußen geworfen.

Lassen Sie sich nicht von unrealistischen oder unzumutbaren Forderungen oder Ansprüchen überhäufen. Bestimmen Sie die Grenzen dessen, was unter den gegebenen Umständen machbar ist.

Wenn Sie ein Kleinkind haben, sind die Anforderungen anders, die Frustrationen aber genau die gleichen. Wenn ich all diese Aufgaben nicht erledige, fühle ich mich schuldig; wenn ich sie erledige, bin ich frustriert. Es ist eine Situation, in der Sie nur verlieren können. Es gibt nur eines: Ich muss dafür sorgen, dass ich nicht mit übertriebenen Anforderungen überhäuft werde und nur das tue, was wirklich wichtig ist. Der Rest kann warten, bis ich mal einen Tag einplane, an dem ich herumrenne und alles Mögliche erledige – aber das bitte nicht mehr als einmal in der Woche.

Jemand muss sich um die Kinder kümmern

Das Beste, was Sie für ein Kind tun können, wenn Sie berufstätig sind, ist, sicherzustellen, dass es gut betreut wird, von Menschen, denen Sie vertrauen. Erkundigen Sie sich, wie es um Kinderbetreuung in Ihrer Gegend bestellt ist. Viele Jugendämter vermitteln Adressen von Tagesmüttern. Holen Sie immer Referenzen ein, und vertrauen Sie Ihrem eigenen Urteil. Sie wissen, welches Umfeld Ihrem Kind am besten bekommt, wenn Sie also Zweifel haben, schauen Sie sich lieber nach jemand anderem um. Fragen Sie andere Mütter nach Empfehlungen – durch Mund-zu-Mund-Propaganda bekommen Sie Informationen, die nicht auf den offiziellen Listen stehen. Ihr Kind wird einige Zeit brauchen, um die Person kennen zu lernen, die es betreuen wird. Schicken Sie es also ein paar Nachmittage zur Tagesmutter, bevor Sie aus seiner kleinen Welt verschwinden, und schauen Sie, wie die beiden miteinander auskommen. Tagesmütter müssen nicht unbedingt jung sein oder aussehen wie Mary Poppins. Vielleicht finden Sie keine, die in allen Stücken perfekt ist. Doch wenn Sie nach einem langen Arbeitstag durch die Haustür kommen, ist einzig und allein wichtig, ob Ihr Kind einen glücklichen Eindruck macht und gut versorgt wurde.

Schauen Sie sich auch Kindertagesstätten an. Je mehr Erzieher dort für eine Gruppe angestellt sind, desto mehr individuelle Betreuung wird Ihr Kind bekommen. Ihr Kind wird dort viel Zeit verbringen, achten Sie also darauf, dass es dort viele Möglichkeiten der Beschäftigung gibt. Einen guten Betreuungsplatz für Ihr Kind zu finden, heißt nicht nur, einen Ort zu finden, an dem Ihr Kind sicher aufgehoben ist. Vielmehr soll das Umfeld so sein, dass es Ihr Kind in seiner Entwicklung fördert. Scheuen Sie sich also nicht, Fragen zu stellen:

- Welche Räume stehen meinem Kind hier zur Verfügung?
- Kann es bei gutem Wetter draußen spielen?
- Wie sicher sind die Spielgeräte, die es nutzen kann?
- Machen die Kinder auch Ausflüge, z.B. zur Stadtbibliothek oder in den nahe gelegenen Tierpark?
- Gibt es eine gemeinsame Verpflegung? Wie sieht die aus?
- …

Kinder, die gut betreut werden, gedeihen gut, und obwohl jedes Kind seine Mutter braucht, braucht es sie doch nicht die ganze Zeit. Wenn das Kind älter wird, wird es auch immer deutlicher, dass Sie nicht sein Ein und Alles sein können. Kinder brauchen auch andere Erwachsene um sich, damit sie lernen, wie man miteinander umgeht. Stellen Sie sich nur mal vor, wie sich Ihr Kind entwickeln würde, wenn Sie jede Minute des Tages bei ihm wären – es würde nie lernen, dass auch Mütter ein Eigenleben haben.

Jetzt tritt Plan Z in Kraft

Die besten Pläne scheitern am ehesten – diese alte Weisheit gilt besonders für die Kinderbetreuung. Es treten unvorhergesehene Ereignisse und Krankheiten ein, also sorgen Sie immer für Ersatz. Mehr noch, überlegen Sie, wer Ersatz für Ihren Ersatz sein könnte, so dass Sie noch eine Liste von Notfall-Helfern haben, an die Sie sich wenden können, wenn Ihre Tagesmutter krank wird.

Man kann nie genug Ersatzpläne haben, also machen Sie so viele wie möglich.

Wenn Sie berufstätig sind, entwickeln Sie eine Strategie dafür, was geschieht, wenn Ihr Kind krank wird. Es gibt nichts Schlimmeres, als um sieben Uhr morgens in blinder Panik das ausgespuckte Abendessen vom Bett zu wischen und gleichzeitig zu versuchen, sich einen Notfallplan auszudenken. Wegen Krankheit eines Kindes stehen Ihnen ja jährlich eine bestimmte Anzahl von Urlaubstagen zu. Vielleicht sind Sie in der glücklichen Lage, Großeltern oder andere Verwandte in der Nähe zu haben, die in solchen Fällen einspringen. Wenn nicht, müssen Sie sich auf Freunde verlassen, die flexibel genug sind, einen Notruf um 6.30 Uhr morgens entgegenzunehmen!

Freunde von mir sagen, dass sie manchmal das Gefühl haben, Kinder hätten nur eine begrenzte Menge Liebe zu geben, und wenn sie ihren Liebesvorrat bei der Tagesmutter lassen, bliebe für die eigenen Eltern nichts mehr übrig. Das ist ein Märchen! Die Liebe Ihres Kindes wird sich immer in erster Linie auf Sie als Mutter konzentrieren, ob Sie nun arbeiten oder nicht. Wenn ein Kind sich am Morgen nicht von Ihnen trennen will, nehmen Sie sich die Zeit, irgendetwas gemeinsam mit dem Kind zu beginnen, das sie dann später zu Ende bringen. Vielleicht lesen Sie den Anfang eines Buches vor und versprechen dem Kind, den Rest zu lesen, wenn Sie nach Hause kommen. Alles, was Kontinuität schafft, wird Ihrem Kind helfen. Tun Sie etwas, das Sie gemeinsam beenden können, wenn Sie heimkommen, und auf das sich das Kind freuen kann. Das hilft ihm auch, sich daran zu erinnern, dass Sie zurückkommen. In der Regel reicht es, wenn Sie ein paar Minuten vor der Tür lauschen, um sich zu vergewissern, dass Ihr Kind sich rasch an die neue Situation gewöhnt, wenn es den Trennungsschmerz überwunden hat. Wenn Sie sich immer noch Sorgen machen, rufen Sie im Laufe des Tages mal an und erkundigen sich nach dem Kind. Unternehmen Sie auf jeden Fall etwas, um sich zu beruhigen, statt sich den ganzen Tag über Sorgen zu machen. Versuchen Sie, sich auf Ihre Arbeit zu konzentrieren und Ihr Bestes zu geben. Und wenn Sie zu Hause sind, tun Sie das Gleiche. Denken Sie nicht Ihr ganzes Leben bedauernd daran, was Sie gerade jetzt lieber tun würden oder tun sollten, sondern nutzen Sie alle Chancen, die der gegenwärtige Moment Ihnen bietet.

Die Hausarbeit will auch gemacht sein

Eine alte Enzyklopädie beschreibt die Hausarbeit als „eine der umfassendsten Beschäftigungen, der eine Frau nachgehen kann". In den fünfziger Jahren wurden Frauen ermutigt, zu Hause bei den Kindern zu bleiben und ein perfektes häusliches Umfeld zu schaffen. Die ideale Ehefrau und Mutter sollte abends an der Tür bereitstehen, herzlich lächelnd, gepflegt gekleidet und mit einer frischen Dauerwelle, und heitere Gelassenheit ausstrahlen, wenn der Ernährer nach langem Arbeitstag ermüdet nach Hause kam. Sie sollte ihm die Pantoffeln und die Zeitung holen, und dann durfte der Herr des Hauses es sich im Sessel bequem machen. Ich glaube nicht, dass viele Frauen das heute noch so handhaben (oder je so gehandhabt haben ...). Die Zeiten haben sich geändert! Wenn mein Mann nach Hause kommt, wird er mit der vollen Wucht des Familienlebens konfrontiert: Die Kinder wedeln mit Papieren und erzählen ihm ihre Neuigkeiten, ein begeisterter Hund springt an ihm hoch, und seine Frau steht mit aufgelösten Locken in der Küche und schwingt einen Bratenwender in dem vergeblichen Versuch, Ordnung in eine Pfanne voller Fischstäbchen zu bringen.

Verteilen Sie die Arbeiten im Haushalt unter alle, die alt genug sind, um ein Staubtuch zu halten, sodass nicht alles an Ihnen hängen bleibt.

Wenn Sie einen Partner haben und sie beide am Ende des Tages erschöpft nach Hause kommen, teilen Sie sich die Hausarbeit. Es ist eine traurige Tatsache, dass noch immer in vielen Familien der Löwenanteil der Hausarbeit an den Frauen hängen bleibt, obwohl Mann und Frau beide berufstätig sind. Teilen Sie die Arbeiten auf, sodass keiner mehr belastet wird als der andere. Wenn Ihr Partner gern kocht, machen Sie ihn glücklich und überlassen ihm die Küche! Auch die älteren Kinder können in der Küche helfen – vielleicht sieht sie am Anfang chaotisch aus, aber das wird sich mit der Zeit ändern! Stellen Sie jedoch nicht zu viele komplizierte und starre Regeln auf. Seien Sie flexibel – diskutieren Sie nicht endlos, wer heute den Müll raustragen muss, während der Mülleimer still und heimlich überquillt. Machen Sie einen Plan, was getan werden muss, und beziehen Sie die älteren Kinder ein, wo es nur möglich ist. Sie können z.B. die

Blumen gießen – Kinder sagen Ihnen, wenn sie Durst haben ... Pflanzen nicht. Es gibt absolut keinen Grund, weshalb eine Mutter voll berufstätig sein und noch obendrein die ganze Bürde des Haushalts tragen sollte.

Machen Sie sich das Leben so einfach wie möglich. Wenn Sie Internetanschluss haben, erledigen Sie doch den wöchentlichen Einkauf bequem per Mausklick von zu Hause aus. Immer mehr Supermärkte bieten online-shopping an, nutzen Sie also diese Möglichkeit, besonders, wenn Sie bedenken, dass Sie durchschnittlich eineinhalb Jahre Ihres Lebens damit verbringen, Einkaufswägen durch Supermärkte zu schieben. Sie können Ihren Haushalt vielleicht nicht so in Schuss halten wie Ihre nicht berufstätigen Freundinnen. Also setzen Sie Prioritäten und fühlen Sie sich nicht schuldig, wenn Sie Dinge auf später verschieben. Wenn Sie es sich leisten können, Arbeiten außer Haus zu geben (z.B. Bügeln oder Flicken), tun Sie das.

Überlegen Sie, welche Arbeiten sie zurückstellen können, damit Sie mehr Zeit für die Dinge haben, die wirklich wichtig sind, z.B. Zeit mit Ihrer Familie zu verbringen. Und wenn Sie erschöpft sind – gehen Sie ins Bett. Akzeptieren Sie Ihre Grenzen: Es wird immer Tage geben, an denen Sie das Gefühl haben, nichts zu tun außer arbeiten und schlafen, aber das ist vielleicht die einzige Möglichkeit, manche Zeiten durchzustehen. Und glauben Sie mir, es wird leichter, zumindest was die körperliche Beanspruchung angeht, wenn Ihr Kind älter wird.

Geben Sie Ihre Aufmerksamkeit Ihrer Familie, nicht dem Staub unterm Bett.

Kein Leben wie im Dampfkochtopf

Kritische Zeiten für Mütter sind erfahrungsgemäß früh am Morgen und die ein oder zwei verrückten Stunden am Ende des Tages. Also bereiten Sie sich darauf vor und nehmen Sie den Deckel vom Topf, wenn der Druck zu stark wird. Vielleicht helfen Ihnen diese Tips:

- Bestimmen Sie einen Platz, an dem Sie wichtige Papiere aufheben, die Ihr Kind zur Schule mitnehmen muss, wie Hausaufgaben oder unterschriebene Zettel, und bringen Sie dem Kind bei, diese Dinge immer an den betreffenden Ort zu legen. Vielleicht müssen auch Sie selbst sich das angewöhnen. Mein Lieblingstrick ist es, wichtige Briefe wegzuwerfen und zu behaupten, ich hätte sie nie bekommen.

- Planen Sie Zeitreserven ein, wenn Sie die Kinder für die Schule fertig machen. Erledigen Sie nicht alles auf den „letzten Drücker", oder Sie werden dauernd zu spät kommen und sich abhetzen.
- Andererseits sollten Sie Ihr Kind wiederum nicht zu früh fertig machen, sonst könnte es die „Zeitreserve" nutzen und sich noch einmal gründlich vollkleckern. Glauben Sie mir, Sie haben keine Chance, zweimal am Morgen erfolgreich zu sein.
- Versuchen Sie, so viel Zeit wie möglich mit Ihrem Kind zu verbringen, wenn Sie von der Arbeit kommen. Das Wichtigste, das Sie tun können, ist, Zeit für das Kind zu haben, nicht unbedingt intensiv genutzte Zeit, ganz einfach nur Zeit. Versuchen Sie, diese Zeit frei zu halten von dringenden Dingen oder einem Leistungsanspruch, diesem „Jetzt oder Nie". Und denken Sie dran, dass Kinder nicht unbedingt stillsitzen müssen, wenn sie sich unterhalten!

Bombardieren Sie Ihr Kind nicht mit Fragen, und erwarten Sie nicht zu viel von ihm, wenn Sie heimkommen. Was Ihre Tochter Ihnen erzählt, mag nicht das sein, was Sie wirklich hören wollen. Sie erzählt Ihnen vielleicht von einer Klassenkameradin, mit der sie gerade nicht gut auskommt, während Sie lieber wüssten, wie sie im Diktat abgeschnitten hat. Ihr Kind redet womöglich nicht über die wirklich wichtigen Dinge, die während des Tages passiert sind. Vielleicht mag Ihre Tochter auch nur nicht mit Gesprächsbedarf überfallen werden, sobald Sie zur Tür hereinkommen. Vielleicht will sie sich lieber mit ihren Freundinnen treffen. Das ist keine Zurückweisung, sondern das, was jedes Kind tut! Hören Sie zu, wenn Ihr Kind bereit ist, sich Ihnen mitzuteilen, nicht, wenn es Ihnen in den Kram passt. Sie sind nach einem Arbeitstag müde und brauchen ebenfalls Zeit, auszuspannen. Planen Sie eine Zeit der gemeinsamen Entspannung ein, auf die sich alle freuen können. Versuchen Sie, an einem Abend in der Woche als Familie zusammen zu sein. In dieser Zeit sollten Sie die Kinder nicht zu außerschulischen Aktivitäten kutschieren oder von dort abholen müssen. Kochen Sie das Lieblingsessen der Kinder oder holen Sie etwas aus dem Schnellimbiss. Stellen Sie das Telefon ab und tun Sie etwas, an dem Sie alle Freude haben.

Jeder kann gewinnen?

Was Sie als berufstätige Mutter vermutlich am meisten vermissen, ist freie Zeit. Ein Großteil des Samstags wird zweifellos für Fahrten zur Reinigung, Bücherei oder für Einkäufe draufgehen. Sie haben dann womöglich das Gefühl, sich so verausgabt zu haben, dass Sie gar nichts erreichen. Dann ist es umso wichtiger, sich freie Zeit zu nehmen. Sie müssen ganz bewusst Raum und Zeit für sich selbst einplanen. Vernachlässigen Sie sich nicht, sonst haben Sie am Ende das Gefühl, dass Sie wie eine Maschine rotieren. Wenn Sie einen Partner haben, teilen Sie sich die Verantwortung für das Kind, und fühlen Sie sich nicht schlecht, wenn Sie zur Abwechslung mal das tun, was Sie selbst wollen, auch wenn es nur darum geht, einmal in Ruhe Ihre Beine enthaaren zu können. Mir ging es öfter so, dass mein eines Bein aussah wie der Schwarzwald und das andere wie ein tropischer Regenwald, *nachdem* die Holzfäller dort waren. Und: Sollten Sie in der glücklichen Lage sein, dass Freunde oder Verwandte Ihnen ihre Hilfe anbieten – lehnen Sie bloß nicht ab!

Nutzen Sie dankbar alle Angebote, die Ihnen Zeit für sich selbst verschaffen.

Kürzlich waren wir zusammen auf einem Kunsthandwerkermarkt. Inmitten von Töpfen, Schmuck und Holzenten entdeckten wir einen Zirkusstand. Alle hatten großen Spaß, auf Stelzen zu laufen und mit Plastikkeulen zu jonglieren. Aber der Hit war doch Tellerdrehen, und schließlich nahmen wir ein paar Teller auf Stöcken mit nach Hause - von Benjamin und Joseph sorgfältig ausgesucht nach den Trikotfarben ihrer Lieblingsfußballmannschaft. Jemand versuchte, uns das Tellerdrehen beizubringen und scherzte, dass wir ein Leben lang brauchen würden, um es richtig zu lernen. Die Teller waren aus Plastik, was gut war, denn keiner von uns war in der Lage, selbst das einfache Drehen zu bewältigen, geschweige denn die Nummer: „den Stock im Kinngrübchen balancieren und den Teller drehen lassen". Herunterfallende Plastikteller zerbrechen zwar nicht, können einem aber ganz schön weh tun. Was nun eigentlich das Faszinierende am Tellerdrehen war, weiß ich nicht mehr. Ich vermute, dass die Kinder so angetan waren, weil es bei dem Jongleur so einfach aussah – die Wirklichkeit ist dann ganz anders.

Leider endet hier die Ähnlichkeit mit dem Balanceakt zwischen Berufstätigkeit und Familie. Das Tellerdrehen hat den Vorteil, dass man jederzeit wieder damit aufhören kann. Außerdem sind die Teller aus Plastik, und man braucht nicht jedes Mal ein seelisches Trauma zu erleiden, wenn einer herunterfällt. Um Beruf und Familie miteinander in Einklang zu bringen, braucht es schon einen längeren Atem. Rechnen Sie damit, dass die Dinge oft nicht so klappen, wie Sie es sich vorgestellt haben, und machen Sie einen neuen Versuch – ohne zu sehr zu verzagen. Hier kommt mir ein Ausspruch aus dem Film *Toy Story* in den Sinn. Nach Buzz's bemerkenswerter Vorstellung seiner Flugkünste sagt Woody: „Das ist nicht Fliegen, das ist Hinfallen mit Würde." Als berufstätige Mutter können Sie vielleicht nicht mit größter Leichtigkeit durchs Leben fliegen, aber sicher mit Würde auf die Nase fallen.

„Doch, doch, das ist das wahre Leben – bloß nicht so, wie wir es kennen"

Wie organisiere ich Wochenenden und Schulferien?

Madonna wurde kürzlich mit dem Satz zitiert, am meisten wünsche sie sich, „als gute Mutter in Erinnerung zu bleiben". Und ich glaube, dass die meisten Mütter bei einem Interview mit der Weltpresse etwas Ähnliches von sich geben würden. Mutter sein ist ein Sieben-Tage-Job, und das bedeutet für jede Mutter, dass Wochenenden und Schulferien eine große Herausforderung darstellen. Bevor Sie Kinder hatten, waren die Wochenenden eine Oase der Ruhe in der Hektik des täglichen Lebens, aber jetzt ...! Und das ist eines der Hauptprobleme – wir alle freuen uns auf eine Pause am Ende der Woche, doch stattdessen karren wir unseren Nachwuchs, statt ihn zur Schule zu bringen und abzuholen, zu Parties, Übernachtungen bei Freunden, ins Schwimmbad und zur Bowlingbahn.

An wie vielen Wochenenden geraten die Eltern sich in die Wolle, und die Kinder fragen: „Was machen wir als Nächstes?" Es fängt schon am Samstagmorgen an, wenn Sie gehofft hatten, einmal ausschlafen zu können. Wenn Sie die ganze Woche bei den Kindern zu Hause waren, freuen Sie sich vielleicht darauf, dass der Vater der Kinder für ein paar Stunden die Verantwortung übernimmt. Der hofft womöglich, sich einmal ohne die Kinder ausspannen zu können. Organisieren Sie gemeinsam, wie Sie das handhaben, damit das Wochenende nicht schon in schlechter Stimmung anfängt. Aber planen Sie nicht zu viele Aktivitäten ein. Es ist keine Erholung, wenn Sie doppelt so beschäftigt sind wie sonst. Ein bisschen Organisation kann Ihnen eine Menge gegenseitiger Vorwürfe ersparen.

Widmen Sie das Wochenende der Familie, statt es als Ihre persönliche freie Zeit zu sehen, die von den Kindern immer wieder zu Unrecht in Beschlag genommen wird. Unternehmen Sie etwas, das allen Spaß macht, anstatt den Kindern das Gefühl zu geben, die einzige Möglichkeit, Spass zu haben, bestehe darin,

Mama möglichst weiträumig aus dem Weg zu gehen. Erklären Sie Ihrem Sohn oder Ihrer Tochter, dass Sie den Samstag und Sonntag ebenso genießen wollen wie sie, und dass es für alle besser ist, wenn Sie entspannt sind und ab und zu mal Zeit haben, Ihre Füße hochzulegen und eine Tasse Tee zu trinken. Planen Sie kurze Zeiten für sich selbst ein, damit Sie Ihre Batterien wieder aufladen können, besonders, wenn Sie allein erziehend sind. Und wenn diese Pläne scheitern, gönnen Sie sich ohne schlechtes Gewissen Ruhe und Frieden, wenn Ihr Kind gerade mit etwas beschäftigt ist, das keinen Einsatz von Ihnen erfordert.

Es ist nicht notwendig, dass Sie plötzlich zur singenden und tanzenden Animateurin für Ihre Kinder werden. Sie sind nicht einzig und allein zum Vergnügen Ihrer Kinder da, auch wenn diese das zu Zeiten vielleicht glauben. Auch Mütter brauchen Zeit, um sich zu erholen. Halten Sie Ihr Kind an, sich zumindest für einen Teil des Tages selbst zu beschäftigen, auch wenn das bedeutet, dass Sie sich ein paar Minuten Zeit nehmen müssen, es anfangs bei etwas anzuleiten, das es dann ohne Ihre Unterstützung weitermachen kann. Bei jüngeren Kindern kann das etwas so Einfaches sein wie eine alte Tapete im Garten auszurollen, sie mit Farbtöpfen und Pinseln zu versorgen und ihnen die Aufgabe zu geben, das größte Bild der Welt zu malen. Wenn Sie nur ein Kind haben, laden Sie an einem Vormittag oder Nachmittag einen Spielgefährten für Ihr Kind ein.

Ermutigen Sie die Kinder, sich einige Zeit selbstständig zu beschäftigen – Sie brauchen nicht das ganze Wochenende lang Alleinunterhalter zu spielen.

Wie viele Wochen?

Das Wort „Ferien“ genügt, um selbst den stärksten und abgeklärtesten Müttern einen Anflug von Panik einzujagen. Vor unserem geistigen Auge erscheinen Visionen von gelangweilten, nörgelnden oder auf Unfug versessenen Kindern und endlosen grauen Regentagen. Doch wenn ich die ganze Sache mit einem gewissen Abstand betrachte und mit geschlossenen Augen in die Sonne blinzle, mag ich merkwürdigerweise die Ferien. Ich genieße es, wenn das Leben etwas entspannter abläuft, und da ich zu Hause arbeite, stehe ich gerne später auf und laufe im Morgenmantel herum, bis ich bereit bin, mich den Anforderungen des Tages zu stellen. Ich liebe besonders die langen Sommerferien, wenn ich die Kinder nicht so früh ins Bett schicken muss und wir alle die Sommerabende nutzen können. Doch es gibt auch ein paar Aspekte der Ferien, auf die ich nicht so scharf bin.

Ich liebe es gar nicht, dass die Kinder während der letzten Schultage so aufdrehen und, wenn die Ferien dann tatsächlich beginnen, ganz aus dem Häuschen sind. Das wiederum führt zu einer Ernüchterungsphase zu Beginn der Ferien, die ziemlich traumatisch ist. Die Kinder wissen nicht, was sie mit sich anfangen sollen, wenn sich der normale Tagesablauf geändert hat, und sie bringen sich gegenseitig auf die verrücktesten Ideen, während ich die Aussicht auf sechs Wochen schlechtes Benehmen nicht ertragen kann. Mir gefällt es auch nicht, so wenig Zeit am Stück für mich selbst zu haben, während meine Kinder über Langeweile klagen und mich ständig fragen, was es zum Mittagessen gibt oder zum Abendbrot oder welche Mahlzeit ihnen gerade vorschwebt. Ich mache ihnen dann meistens ziemlich verärgert klar, dass ich liebend gern Zeit hätte, um mich zu langweilen (was natürlich so viel nützt wie einen leeren Wasserkessel auf den Herd zu stellen). Ich bin es auch allmählich leid, dass ich mich ein paar Wochen lang allein für die Freizeitbeschäftigung meiner Kinder zuständig fühle. Sich jeden Tag als Coco der Clown zu verkleiden erschöpft sich nach ein oder zwei Wochen.

Freiheit will gestaltet sein

Kinder sind am Anfang der Ferien oft gereizt. Zuvor war jeder Tag durchgeplant und es war genau vorgeschrieben, was sie zu tun hatten, und nun herrscht scheinbar totale Freiheit. Damit müssen auch Kinder erst einmal zurechtkommen. Über Nacht sind sie von den Strukturen des Schulalltags befreit, und sie wissen nicht, was sie mit dieser Freiheit anfangen sollen. Die dunklen Winterferien sind oft noch schlimmer, da sich alles viel mehr im Haus abspielt. Es nützt auch nichts, wenn Sie die ersten paar Tage der Ferien mit vielen Aktivitäten füllen, da sie nur das Unvermeidliche auf die lange Bank schieben. Geben Sie den Kindern Freiraum, auch wenn sie über Langeweile klagen. Geben Sie ihnen Zeit, sich zu entspannen. Klammern Sie sich an den Gedanken, dass Sie alle die Freiheit ein wenig mehr genießen können, wenn Sie sich erst mal an die neue Situation gewöhnt haben.

Stellen Sie sich darauf ein, dass sich auch Ihr Kind erst einmal in der neuen Situation mit einem anderen Tagesablauf zurechtfinden muss.

Aber was macht man sechs Wochen oder länger mit gelangweilten Kindern? Wenn Sie berufstätig sind, haben Sie in der Regel das zusätzliche Problem, eine Kinderbetreuung für die zusätzlichen sechs Stunden am Tag aufzutreiben. Wenn Sie eine Tagesmutter haben, ist sie vielleicht gern bereit, die Kinder ein paar weitere Stunden zu betreuen. Wenn Sie Teilzeit arbeiten, versuchen Sie, die Kinderbetreuung mit einer anderen Teilzeitkraft zu teilen. Sie haben dann zwar noch mehr Kinder um sich, wenn Sie zu Hause sind, aber die leisten einander auch Gesellschaft. Planen Sie gemeinsam mit Ihrem Partner Ihrer beider Urlaub so, dass er möglichst in die Schulferien fällt. Wenn sie abwechselnd die Kinder betreuen, verbringen Sie vielleicht nicht so viel Zeit gemeinsam als Familie wie Sie möchten, aber Sie ersparen sich dann viele Probleme mit der Suche nach einer geeigneten Kinderbetreuung. Wenn Sie allein erziehend sind, könnten Sie mit einer anderen allein erziehenden Mutter ein ähnliches Arrangement treffen, so dass sie zusammen einen großen Teil der Sommerferien abdecken. Schulferien sind auch eine gute Gelegenheit, auf die Hilfe von Verwandten zurückzugreifen (wenn Sie in der glücklichen Lage sind, welche zu haben), die die Kinder gern eine Woche bei sich haben würden. An vielen Orten gibt es auch kommunale Ferienprogramme. Außerdem gibt es eine Vielzahl von Wochenend- und längeren Freizeiten, die alles Mögliche von Fußballtraining bis Orchesterproben anbieten. Viele dieser Kurse und Freizeiten sind nicht allzu teuer, und Sie wissen dann wenigstens, dass Ihr Kind sich nicht langweilt, während Sie sich abschuften.

Wenn Sie die gesamten Ferien allein bestreiten müssen, wirkt ein wenig Planung wahre Wunder. Versuchen Sie, jede Woche ein paar Ausflüge einzuplanen, sodass die Tage unterbrochen werden. Es ist verlockend, die Kinder vor den Fernseher oder Computer zu setzen und sie sich selbst zu überlassen. Das ist auch für eine Weile in Ordnung. Es schadet nichts, wenn Kinder still dasitzen und sich eine Sendung ansehen, die sie interessiert. Unsere Kinder haben alle gerne kreative Sendungen angeschaut, die ihnen Anregungen gaben, hinterher selbst etwas in Angriff zu nehmen. Jedoch gibt es auch hier eine Kehrseite der Medaille: Ich selbst bin nicht *ganz* so begeistert über die Aussicht, plötzlich drei Kartons, eine leere Spülmittelflasche und fünfzehn Gummibänder auftreiben zu müssen, damit sie anfangen können, eine Windmühle zu bauen, die ich dann fertig machen muss. Doch stundenlanges Fernsehen als Ferienhauptbeschäftigung ist nicht sinnvoll – weder für die Kinder noch für Sie (obwohl ich, um ehrlich zu sein, mal in der ungewöhnlichen Lage war, dass ich den Kindern Schachspielen verbieten und sie vor die Kiste setzen musste. Sie hatten nämlich ein Schachbrett mit Figuren aus *Alice im Wunderland,* und es brach regelmäßig ein Streit aus, wenn jemand Tweedledee verlor).

Machen Sie einen Plan für die Ferien – möglichst gemeinsam mit den Kindern – und wechseln Sie ab zwischen organisierten Aktivitäten und Entspannung.

Fertig oder nicht, ich komme!

Überlegen Sie, was Sie gemeinsam tun können und wie Sie gemeinsame Zeit (an Wochenenden oder in den Ferien) als „Beziehungsbausteine" nutzen. An einem Tag mitten in den Sommerferien hatte ich die wunderbare Idee, gemeinsam mit meinen Kindern Masken aus Pappmaschee herzustellen. Das Aufblasen der Ballons und Zerreißen der Zeitungen machte den Kindern großen Spaß, aber als es darum ging, das Papier auf die Ballons zu kleben, beschlossen sie, dass ich ja gut beschäftigt sei, und ließen mich auf dem Küchenboden sitzen, während sie in den Garten verschwanden und Verstecken spielten.

Es gibt viele kreative Aktivitäten, die nicht viel kosten. Sechs Wochen Sommerferien können Sie glatt in den Ruin treiben, wenn Sie all die Kinobesuche, Ausflüge in den Zoo und Stadtbummel bezahlen, die die Kinder sich wünschen. Und die Kinder zum wöchentlichen Großeinkauf mitzunehmen, kann ein teurer Spaß werden, wenn die Kinder alle möglichen Leckereien in den Einkaufswagen werfen, die sie gerade in der Fernsehwerbung gesehen haben – und am Ende kaufen Sie eine neue Marke Katzenfutter für eine Katze, die Sie gar nicht haben. Um Ferien ein wenig einfacher und weniger kostspielig zu machen, versuchen Sie es doch einmal mit folgenden Anregungen:

- Die Stadtbücherei in Ihrer Nähe bietet vielleicht Vorlesestunden oder Kindernachmittage an. Meist gibt es hier auch Informationen, was sonst noch in Ihrer Gegend los ist.
- Sie müssen nicht ins Kino gehen – machen Sie Kino zu Hause. Kaufen Sie Popcorn, leihen Sie ein Video aus und ziehen Sie die Vorhänge zu. Sie können sogar Eintrittskarten an Ihre Kinder und deren Freunde „verkaufen". Ich habe viele angenehme Nachmittage auf dem Sofa herumgedöst, während die Kinder in einem verdunkelten Raum saßen und die 13.30 Uhr- oder 15.30 Uhr-Vorstellung eines Kinderfilms anschauten.
- Wenn Ihr Sohn oder Ihre Tochter etwas Außergewöhnliches unternehmen will, wie zum Essen ausgehen, und das einfach zu teuer wird, kochen Sie ein besonders Essen zu Hause. Machen Sie es so festlich, als gingen Sie in das nobelste Restaurant der Stadt. Ziehen Sie sich feierlich an. Decken Sie den

Tisch mit Ihrem besten Geschirr und zünden Sie Kerzen an. Wir ließen unsere Kinder aus dem Haus gehen, und sie mussten an der Tür klingeln, bevor wir sie zu ihren Plätzen geleiteten! Das Ganze macht nicht nur Spaß und bietet Gelegenheit zu intensiven Gesprächen, sondern die Kinder lernen auch, sich gut zu benehmen, wenn Sie tatsächlich einmal ausgehen.

- Zeichnen Sie gemeinsam Ihren Familienstammbaum. Kinder finden gern heraus, in welcher Beziehung sie zu anderen Menschen stehen, auch wenn es ein wenig kompliziert wird. Es tut den Kindern gut zu sehen, welchen Platz sie in der erweiterten Familie einnehmen, und sie stellen gern Fragen zu ihrem familiären Hintergrund. Ergreifen Sie die Gelegenheit, mit den Kindern über Ihre eigene Kindheit zu reden. Seien Sie jedoch auf schmeichelhafte Fragen vorbereitet wie: „Hattet ihr Kerzenlicht statt Elektrizität?“ oder: „Wie war es, als ihr noch mit Dinosauriern gelebt habt?“

  Den Familienstammbaum aufzuzeichnen kann zu weiteren Aktivitäten führen. An einem solchen Nachmittag in den Ferien erzählte ich den Kindern von meiner Großmutter, ihrer Urgroßmutter. Als sie starb, kauften meine Eltern einen Magnolienbaum und pflanzten ihn in unseren Garten als Erinnerung an sie. Einige Jahre später zogen sie um, und eine Freundin meiner Mutter bot sich an, die Magnolie in ihren Garten umzupflanzen. Meine Eltern waren damit einverstanden, und der Baum wurde vorsichtig in den neuen Garten gepflanzt. Jahre später zog dann die Freundin meiner Mutter ihrerseits um, und dieses Mal wurde der Baum zurückgelassen. Als ich den Kindern diese Geschichte erzählte, kamen wir auf die Idee, nach dem Baum zu suchen. Wir wussten ungefähr, wo die Freundin meiner Mutter gewohnt hatte, es war nicht weit von uns weg. Wir brauchten nicht lange, um den Baum ausfindig zu machen, und während die gegenwärtigen Besitzer nichts von seiner Geschichte wissen, hat er jetzt wieder Bedeutung für eine weitere Generation und war ein überaus interessantes Thema an einem Feriennachmittag.

Versuchen Sie, Erinnerungen für Ihr Kind zu schaffen, die die Schulferien überdauern.

- Achten Sie auf Ausstellungen, die kostenlos besichtigt werden können und die für Kinder interessant sind. Ich beging den

Fehler, meinen Nachwuchs in eine Kunstausstellung mitzuschleifen, die wir innerhalb von genau fünf Minuten hinter uns brachten. Gerade als wir hinausgingen, verkündigte eines meiner Kinder mit erschreckend lauter Stimme: „Das ist doch keine Kunst, das ist Mist!“ So viel zum Thema Kultur.

- Stellen Sie eine Liste von Dingen zusammen, die leicht zu sammeln sind, und schicken Sie Ihr Kind auf Schatzsuche, wobei es jeden Gegenstand, der auf der Liste steht, heimbringen muss. Das kann alles Mögliche sein, und wenn Sie es geschickt anstellen, kann sich die Schatzsuche über die gesamten Ferien hinziehen. Geben Sie dem Kind einen Schuhkarton, in dem es seine Schätze aufbewahren kann. Kleine Kinder müssen die Schätze leicht finden können, eine Briefmarke, ein Blatt, eine Blume oder einen grauen Stein. Bei älteren muss man schon etwas erfinderischer sein, aber machen Sie das Ganze nicht so schwer, dass sie gar nichts finden.
- Unternehmen Sie Ausflüge zu Sehenswürdigkeiten in der Nähe. Informieren Sie sich in der Bibliothek oder beim Verkehrsamt – vielleicht sind Sie selbst überrascht, was es alles gibt.
- Ermutigen Sie Ihr Kind, während der Ferien ein neues Hobby anzufangen. Sprechen Sie darüber, was es interessiert, und schauen Sie in der Bibliothek nach Büchern zu diesem Thema. Kinder sammeln gern alles Mögliche – deshalb sind Fußballbildchen und Fotos von Popstars so beliebt.
- Machen Sie gemeinsam mit Freunden ein Picknick, das auch bei schlechtem Wetter nicht ausfallen muss. Breiten Sie eine Decke auf dem Dielenboden aus und picknicken Sie dort.
- Wenn Sie sonst immer mit dem Auto fahren, nehmen Sie zur Abwechslung einmal den Bus oder den Zug. Das ist mit Familientickets nicht allzu teuer, und Sie müssen ja nicht weit fahren – ein paar Haltestellen reichen schon, der Ausflug braucht nicht einen ganzen Tag zu dauern.
- Gehen Sie in den Park, machen Sie lange Spaziergänge, besuchen Sie einen Streichelzoo – aber nicht alles an einem Tag! Heben Sie einige Ausflüge und einen Teil Ihrer Energie für andere Gelegenheiten während der Ferien auf.
- Spielen Sie gemeinsam mit Ihren Kindern Verstecken!

Unzählige Sommerabende endeten bei uns in einer familiären Wasserschlacht. Das war jedes Mal ein Riesenspaß, bis wir natürlich an den Punkt kamen, wo jemand einen Schritt zu weit ging und einen Eimer Wasser aus dem Badezimmerfenster über Mama oder Papa schüttete, und dann alles mit Tränen endete (normalerweise Mamas oder Papas!). Aber das ist zu erwarten. An einem sehr windigen Ferientag verbrachten wir einen fröhlichen Nachmittag mit Freunden auf einer gewöhnlichen grauen Buhne am Meer. Wir standen alle in einer Reihe obendrauf, sehr zum Erstaunen der Passanten, hielten uns an den Händen und imitierten Rose in *Titanic*, wie sie mit ausgestreckten Armen am Bug des Schiffes steht. Der Wind war so stark, dass wir uns direkt dagegen lehnen konnten, und unsere Mäntel sich hinter uns aufblähten. Glücklicherweise wurde unser Gesang seewärts getragen und störte allenfalls die Möwen. Wir mussten aufpassen, falls der Wind plötzlich nachließ, aber es war ein Riesenspaß und kostete keinen Pfennig!

Eines sollte Ihnen bewusst sein: Es kann sein, dass Ihr Kind von all den wunderbaren Plänen und Unternehmungen, die Sie mit viel Mühe und Aufwand in den Ferien mit Ihrem Kind unternehmen, hinterher nur vergleichsweise geringfügige Vorkommnisse im Gedächtnis behält. In einem Jahr unternahmen wir in den Osterferien unglaublich viele Ausflüge und andere schöne Dinge. Als mein Mann und ich ein paar Wochen später zu einem Elternabend gingen, wurden wir bei der Ausstellung „Neues aus unserem Leben" mit dem Unerwarteten konfrontiert: Eines unserer Kinder hatte ein herrlich buntes Bild von mir gemalt, wie ich mich gerade herunterbückte, um eine Spritze zu bekommen. Die Bildunterschrift erklärte, dass wir in den Ferien zum Arzt gegangen waren, damit Mama, die schwanger war, ihre Spritzen bekam. Eine andere Geschichte handelte davon, wie wir einen Goldfisch gekauft hatten und ihn dann mit zu McDonalds nahmen. Und all die Kinovorstellungen, Fahrten zur Bibliothek und Besuche bei Freunden, die ich organisiert hatte – hätte ich mir eigentlich genauso gut sparen können!

Ich hab's dir ja gleich gesagt

Mütter mit älteren Kindern werden an Feiertagen und vor allem an Wochenenden gern in das „Hausaufgabenritual" verwickelt. Dieses Ritual erreicht seinen Höhepunkt ein paar Minuten bevor das Kind wieder zur Schule geht. Es beginnt damit, dass die Mutter das Kind darauf hinweist, dass es ein Projekt zu erledigen hat, einen bestimmten Stoff wiederholen oder ein Buch lesen muss, und dass es ratsam wäre, die eben erwähnten Arbeiten so zu planen, dass sie rechtzeitig bis zum Montagmorgen beendet sind. Das Kind mag dem zustimmen oder nicht, doch in jedem Fall wird es diesen guten Rat vollkommen ignorieren. Zweifellos wird es trotz wiederholter Ermahnungen alles bis zur letzen Minute anstehen lassen. Dann wird man viel Heulen und Zähneklappern und „Ich hab's dir ja gleich gesagt" hören, und bevor man sich's versieht, ist die ganze Erholung von der wöchentlichen Routine wie weggefegt. In manchen Fällen zusammen mit den Hausaufgabenheften selbst.

In einer idealen Welt würde man dieses hässliche Szenario vermeiden, aber es gelingt uns nur selten, gemäß unseren Idealen zu leben. Versuchen Sie, Ihrem Sohn oder Ihrer Tochter gute Gewohnheiten beizubringen. Ermutigen Sie Ihre Kinder, ohne zu nörgeln, und loben Sie sie, wenn sie etwas gut gemacht haben. Schaffen Sie während des Tages genügend Freiraum, sodass die Kinder nicht dauernd auf Trab sind und keine Zeit haben, überhaupt etwas zu tun. Versuchen Sie, ihnen zu helfen, ihre Arbeit zu organisieren, ohne sie selbst für die Kinder zu tun. Aber wenn das alles nichts nützt, versuchen Sie, sich am Abend vor dem Abgabetermin den Satz zu verkneifen: „Ich hab's dir ja gleich gesagt!" Versuchen Sie vor allem, die Kinder zu ermutigen.

Ermutigen Sie die Kinder, Ihre Hausaufgaben rechtzeitig zu planen und zu erledigen, dann wird es auch für Sie weniger stressig.

Die schönste Zeit des Jahres ...

Eine ersehnte Unterbrechung der langen Sommerferien ist die Fahrt in den gemeinsamen Urlaub. Allerdings bringt die Urlaubsreise ihre eigene Art von Stress mit sich. Wir alle kennen die finanziellen Belastungen eines solchen Urlaubs, aber das ist manchmal nur der geringste Teil an Stress. Kürzlich las ich von einer Stressskala, mit der verschiedene Lebenssituationen im Blick auf ihr Stresspotential gemessen und verglichen werden. In-Urlaub-fahren steht dabei nur ein paar Punkte hinter „kleinere Konflikte mit dem Gesetz"! Da die Mütter meist den Löwenanteil an Organisation und Packerei tragen, ist es eine gute Idee, vorauszudenken und nicht in letzter Minute die Kleidungsstücke in Koffer zu stopfen, die zufällig gerade gewaschen sind. Tun Sie Ihr Möglichstes, um das verzweifelte Wäschewaschen in letzter Minute auf ein Minimum zu beschränken, damit Sie nicht auf dem Zahnfleisch am Urlaubsort ankommen. In einem Jahr bekamen die Kinder zwei Tage vor unserem Urlaub eine Magen-Darm-Infektion. Am Tag der Abreise erwischte es mich ebenfalls, und während mein Mann das Auto packte, musste ich die Bettwäsche waschen, die Gummistiefel verpacken und zwischendurch immer wieder auf die Toilette rennen, um mich zu übergeben.

Einen Urlaub zu machen, der für jedes Familienmitglied absolut spitzenverdächtig ist, wird immer schwerer, je älter die Kinder werden und je mehr sie ihre eigenen Vorstellungen davon haben, was sie tun und wohin sie fahren wollen. Hier ist Kompromissbereitschaft angesagt, und das heißt, dass Kinder *und* Erwachsene Kompromisse schließen müssen. Suchen Sie den Urlaubsort so aus, dass es dort eine große Bandbreite von Möglichkeiten gibt, aber achten Sie auch darauf, dass Sie Zeit zum Ausspannen haben und nicht eine Stresssituation gegen die andere austauschen. In der Woche vor der Fahrt in den Urlaub herrscht bei uns immer eine gespannte Atmosphäre. Unsere Kinder werden immer aufgeregter und ich immer nervöser, während ich verzweifelt versuche, rechtzeitig mit allem fertig zu werden. Da müssen die Haustiere weggebracht, Einkäufe erledigt werden, es kommt Panik in letzter Minute auf, weil die Jungen nicht genügend

Socken haben (meistens, weil der Hund sie gefressen hat – er hat eine besondere Vorliebe für müffelnde Jungensocken), vom Kofferpacken ganz zu schweigen.

Am Abend vor der Fahrt in den Urlaub habe ich dann die Nase endgültig voll und bin grantig und schlecht gelaunt. Mein Mann kommt von der Arbeit nach Hause, freut sich, dass er nächstens mehr Zeit mit der Familie verbringen kann, und was ihn empfängt ist eine Horde schreiender Kinder und eine Frau, die die Segel gestrichen hat und jetzt in der Mitte eines Haufens von Kleidungsstücken und anderem Krimskrams sitzt und eine Banane futtert. Von da an geht es bergab, bis wir unser Ziel erreicht haben. Wegen dem Packen gibt es regelmäßig Streit: „Warum nehmen wir so viel Zeugs mit – wir sind nur eine Woche weg?“ oder: „Wenn du's besser kannst, packst du eben das nächste Mal.“ Dann kommt der Streit über den Dachgepäckträger. Der findet statt, wenn wir die schwere Jet-Box anzubringen versuchen, während wir uns immer noch über den ganzen Kram oben in die Haare geraten. Unsere Freundin Anne hütet oft das Haus, während wir fort sind, und wenn sie kommt, lautet ihre erste Frage, ob sie den Streit schon verpasst hat oder nicht. Und wenn ich dann endlich die Sachen der Kinder gepackt habe, merke ich, dass kein Platz mehr ist für meine eigene Kleidung, und alles endet damit, dass ich zwei Wochen lang in Jeans und Pulli herumlaufe, selbst bei dem einen Mal, wo wir essen gehen und alle außer mir sich in Schale geworfen haben. Vor jedem Urlaub schwöre ich mir, dass es dieses Mal nicht zu solch einem Stress ausartet, aber im Moment ist das noch Zukunftsmusik.

Beziehen Sie die ganze Familie in die Urlaubsvorbereitungen ein – so werden die Lasten verteilt, und auch die Kinder werden den Wert des Urlaubs besser zu schätzen wissen.

Wenn Sie eine Jet-Box packen müssen und nicht ins Ausland fahren, gebe ich Ihnen den guten Rat, die Koffer zu vergessen und stattdessen große Müllsäcke zu benutzen. Lassen Sie jedes Familienmitglied seine Sachen in einen solchen Sack packen. Wenn das sorgfältig geschieht, wird die Kleidung nicht so zerdrückt wie in Koffern, und die Säcke kann man viel leichter in einer rechteckigen Kiste unterbringen. Bei der Ankunft kann dann jeder ganz einfach seinen Sack auspacken. Wenn Sie das Auto nicht gerade im Dunklen be- oder entladen wollen, müssen Sie natürlich die Hemmschwelle überwinden, dass Sie aussehen wie Müllmänner statt wie Urlauber, aber das ist es wirklich wert!

Wenn Sie an Ihrem Urlaubsort ankommen, sammeln Sie nach ersten Informationen erst einmal, was jeder machen will. Dann fassen Sie die Ideen zusammen und teilen Sie die Tage so auf, dass jeder Gelegenheit hat, das zu unternehmen, was er möchte. Familienferien bedeuten oft Selbstversorgung, also achten Sie darauf, dass Ihre Kinder sich weiterhin an der Hausarbeit beteiligen, damit Sie alle Ferien haben. Erinnern Sie gegebenenfalls daran, dass der Urlaub eine Unterbrechung vom täglichen Einerlei für alle sein soll, doch Urlaub heißt nicht, alle Maßstäbe von Hygiene und Sauberkeit hinter sich zu lassen. Wenn wir in Urlaub fahren, bestehen wir darauf, dass auch die Kinder beim Auspacken mithelfen. Das dauert ja nicht lange. Und Mama muss nicht hinter dem Rest der Familie herzuckeln, weil sie zu sehr damit beschäftigt ist, T-Shirts in Schubladen zu verstauen und Cornflakes-Packungen in Schränken, die nur wenig größer sind als ein Vogelhäuschen, um dann zu merken, dass die anderen alle schwimmen gegangen sind. Ziel des Urlaubs sollte sein, dass Sie *alle* erholt zurückkommen, und wenn jeder seinen Teil dazu beiträgt, gibt es keinen Grund, warum das nicht klappen sollte.

Kompromiss heißt das Zauberwort für alle Mitglieder einer Familie, die ihren Urlaub genießen will.

Die Wochenenden gehen immer allzu schnell vorüber, und es gibt nur eine begrenzte Anzahl von Schulferien – erstaunlich wenige, wenn man das ganze Jahr oder gar das ganze Leben betrachtet. Sie werden nicht Ihr ganzes Leben bestimmen, also machen Sie das Beste daraus. Sehen Sie die Sache aus einer langfristigen Perspektive, und nutzen Sie die Zeit als eine Möglichkeit, positive Erinnerungen zu schaffen. Natürlich können Sie diese Zeiten auch als Herausforderung für Ihre Kreativität betrachten!

Sicher ist bald Weihnachten – Mama ist schon ungenießbar

Wenn Ihre Familie nur annähernd so ist wie meine, bringen besonders die Weihnachtsferien eine ganze Reihe von Problemen mit sich. Sie müssen nicht nur dafür sorgen, dass Ihr Kind beschäftigt ist, sondern auch noch die Weihnachtsvorbereitungen treffen. Als Mutter sind Sie jedoch auch ohne den Countdown vor Weihnachten schon beschäftigt genug. Diese Vorbereitungszeit auf Weihnachten – eigentlich als Zeit des Friedens gedacht – ruft in Ihnen stattdessen oft mörderische Gedanken hervor. Die zusätzliche Arbeit, die Weihnachten mit sich bringt, ruht vor allem auf den Schultern der Mutter – sie ist zuständig für das Familienleben, die Einkäufe und die Zubereitung des Weihnachtsessens.

Frühzeitige Vorbereitungen sind hier das A und O, doch auch die besten Pläne können scheitern! In einem Herbst, als ich schwanger war und einen geradezu zwanghaften Nestinstinkt entwickelte, war ich mit meinen Weihnachtsvorbereitungen schon so weit, dass ich bis Ende Oktober alle Geschenke gekauft und eingepackt hatte. Sie lagerten sicher in unserem Schlafzimmer, und ich sonnte mich in dem Bewusstsein, dass ich für das große Fest bereit war, komme was da wolle. An einem Morgen

kam eine Freundin, Gill, mit ihrer Tochter Eleanor zu Besuch. Eleanor und unsere Laura waren bisher gemeinsam durch ihre ersten drei Jahre gegluckst, gekrabbelt und gewackelt. Gill und ich tranken zusammen Kaffee und unterhielten uns, während die beiden Mädchen sich wie immer miteinander beschäftigten. Plötzlich wurde uns bewusst, dass wir sie schon gut eine halbe Stunde lang nicht mehr gesehen hatten und dass es überhaupt ungewöhnlich still war. Grund genug, der Sache nachzugehen.

Wenn Sie es einrichten können, Weihnachten frühzeitig vorzubereiten, wird das Leben im Dezember (ein wenig!) weniger hektisch sein.

Eleanor und Laura waren unten nirgends zu finden, also gingen wir, jetzt schon etwas beunruhigt, nach oben. Meine Schlafzimmertür war geschlossen. Wir machten sie auf, und da saßen die zwei kleinen Mädchen vergnügt auf meinem Bett inmitten eines Stapels Geschenkpapier und packten Päckchen aus – ein verfrühtes Weihnachtserlebnis. Damit niemand sie entdecken konnte, hatten sie die Tür geschlossen, die Vorhänge zugezogen und packten die Geschenke beim Licht der Nachttischlampe aus. Gill und ich reagierten genau gleich. Wir sahen einander an, gingen aus dem Zimmer und konnten uns nur mit Mühe das Lachen verbeißen. Wir hielten eine kurze Lagebesprechung ab, bevor wir wieder hineingingen und die Kinder ausschimpften. Laura bekam für eine Weile keine Süßigkeiten, und Eleanor durfte für den Rest dieser Woche nicht mehr *Pu der Bär* anschauen. Eine halbe Stunde hastiges Einpacken konnte den größten Schaden wieder in Ordnung bringen, aber ich konnte Eleanor nicht davon abhalten, allen zu erzählen, was sie zu Weihnachten bekommen würden.

Sie müssen Ihre Weihnachtseinkäufe ja nicht im August tätigen, aber es ist sicher hilfreich, ein paar Wochen im Voraus zu planen. Jeder ist gestresst, wenn er am Heiligabend wie ein verrücktes Huhn durch die Geschäfte rasen muss. Also:

- Denken Sie praktisch und lassen Sie sich so viel wie möglich nach Hause liefern. Es gibt heute so viele Versandhäuser und Lieferservices mit Tiefkühlgerichten, und mit ein paar Anrufen ersparen Sie es sich, stundenlang mit einem aufgekratzten Kind im Schlepptau durch die Läden zu rennen. Sie können auch

Weihnachtskarten und Geschenkpapier per Katalog bestellen (oft geht dabei noch ein Teil des Erlöses an eine gemeinnützige Organisation) und sich so viel Gerenne ersparen. Meist gibt es auch die Möglichkeit von Ratenzahlungen über mehrere Monate, aber achten Sie trotzdem darauf, was sie ausgeben, und behalten Sie Ihr Budget im Blick.

- Beziehen Sie den Rest der Familie in die Vorbereitungen ein. Wenn jeder ein wenig mithilft, ist die Last nicht so schwer für Sie. Lassen Sie auch die größeren Kinder Einkäufe erledigen, statt sich immer wieder anzuhören: „Mama, kannst du mir dies oder das mal besorgen?“ Es gibt keinen Grund, weshalb Sie allein alle Einkäufe tätigen, alle Geschenke verpacken, kochen und sämtliche Karten schreiben sollten und sich am Ende wie der Esel fühlen, der Maria nach Bethlehem getragen hat.
- Organisieren Sie Ihre Zeit so, dass Sie die vorweihnachtlichen besinnlichen Tage auch als solche genießen können.
- Wenn ein Super-Festtags-Menü Sie unter Druck setzt, weil Sie keine Fünf-Sterne-Köchin sind, belasten Sie sich nicht mit Schuldgefühlen – verwenden Sie möglichst schon vorbereitete Zutaten oder Gerichte.
- Tun Sie sich eventuell mit anderen zusammen, um ein (vielleicht teureres) Geschenk für einen gemeinsamen Verwandten zu kaufen. Besprechen Sie mit Eltern oder Schwiegereltern, wer für wen im Namen aller ein Geschenk besorgt. Wenn Sie sich so absprechen, bekommt jeder ein gescheites Geschenk, statt zwölf Paar Socken oder 17 Flaschen Schaumbad. Und Sie müssen weniger einkaufen!
- Wenn alle zufrieden sind, kaufen Sie doch in Zukunft nur noch Geschenke für die Kinder, und für die meisten Erwachsenen keine mehr. Es gibt nichts Schlimmeres, als Jahr für Jahr halbherzige Geschenke zu kaufen und zu bekommen.
- Halsen Sie sich im Dezember nicht mehr Arbeit auf, als absolut notwendig ist – es gibt noch genug zu tun.
- Gehen Sie nicht in jeder freien Stunde in Schulkonzerte oder

Eine To-do-Liste ermöglicht Überblick und vermittelt Ihnen ein Gefühl der Kontrolle über das, was Sie tun müssen – solange Sie die Liste nicht verlieren!

zum Einkaufen – Sie werden am Schluss nur völlig erschöpft sein. Gönnen Sie sich hin und wieder Zeit zum Entspannen.

- Halten Sie inne und ziehen Sie Bilanz. Fragen Sie sich, warum Sie das tun, was Sie tun. Was ist Ihnen an Weihnachten so wichtig? Ist es all der Glanz und Glimmer oder die Gelegenheit, Zeit mit Ihrer Familie zu verbringen und sich an den Sinn dieses Festes zu erinnern? Wie leicht verlieren wir das Kind in der Krippe aus dem Blick, wenn wir völlig gestresst sind?
- Machen Sie Listen. Listen von Listen, wenn nötig, alles was Ihnen eine klarere Vorstellung davon vermittelt, was Sie noch erledigen müssen. Listen rücken das Wesentliche ins Blickfeld und Sie fühlen sich nicht mehr überschwemmt von allen möglichen Gedanken und Ideen, die sie alle in Ihrem Kopf zusammenzuhalten versuchen. Und es ist ungemein erfreulich, drei Dinge abhaken zu können, sobald sie erledigt sind; ich schreibe sogar noch ein paar Sachen dazu, die ich bereits getan habe, um mir einen Vorsprung zu verschaffen!

Weihnachten – die fast perfekte Idylle?

Die Werbung verleitet uns, immer mehr und immer mehr Perfektion zu erwarten, aber oft sind es die übertriebenen Ideale, die wir und unsere Kinder niemals erreichen, die uns die meisten Probleme bereiten. Wir werden wahrscheinlich nie das „vollkommene" Geschenk für unsere Kinder finden - und sie werden mit Sicherheit auch nicht immer alle unsere Erwartungen erfüllen! Unser Kind war das einzige, dass sich beim Krippenspiel geweigert hatte, ein Engelskostüm anzuziehen, und saß nun in seinem lachsfarbenen Kleidchen mit dem mürrischsten Gesichtsausdruck der Welt zwischen all dem Geglitzer von Flügeln und Heiligenscheinen. Ich saß unter den Zuschauern und wünschte mir, meine Tochter würde wenigstens lächeln, und wusste nicht, ob ich lachen oder weinen sollte.

Konzentrieren Sie Ihre Energie an Weihnachten darauf, bleibende Erinnerungen zu schaffen, statt eine Geschenkeschlacht zu inszenieren.

Seien Sie an Weihnachten realistisch. Jedes Jahr geben Mütter und Väter Unmengen von Geld aus, um das Neueste und Beste zu kaufen, während die dreijährige Sofie glücklich mit der Schachtel spielt, in die das Geschenk eingepackt war. Geschenke sind etwas Tolles, und ich bin die Erste, die ihres sofort nach der Bescherung auspackt, wenn ich überhaupt so lange warten kann. Am Ende der Feiertage sind die Spielsachen jedoch alle vergessen, und was in der Erinnerung haften bleibt, ist die Zeit, die man gemeinsam mit der Familie und Freunden verbracht hat. Es gibt nur wenige Geschenke, die ein Leben voller Erinnerungen überdauern. Manche Plastikspielsachen überstehen nicht mal die Weihnachtsferien. Also richten Sie Ihre Bemühungen darauf, Erinnerungen zu schaffen.

In unseren Köpfen spuken tolle Bilder herum von Kerzenschein, Lametta, Glühwein und verschneiten Tannenbäumen, aber die weihnachtliche Realität sieht oft anders aus. Ihr Kind quengelt den ganzen Tag herum und möchte endlich seine Geschenke auspacken. Sie verbringen Stunden, um gemeinsam mit einem kleinen Helfer Plätzchen zu backen in dem Bewusstsein, dass Sie das allein in viel weniger Zeit viel besser schaffen würden. Widerstehen Sie der Versuchung, um der größeren Effektivität willen Ihr Kind beiseite zu schieben. Wenn Sie das tun, wird Ihr Sohn sich später nur daran entsinnen, dass er Mama dauernd auf die Nerven ging, weil sie so beschäftigt war, während Sie sich eigentlich wünschen, dass er wunderschöne Erinnerungen mit dem Weihnachtsfest verbindet.

Machen Sie sich klar, warum Weihnachten für Sie wichtig ist, und behalten Sie Ihre Antwort bei allen Vorbereitungen immer im Blickfeld.

Ich habe stundenlang neben unserem Sechsjährigen gesessen und ihm geholfen, mühevoll zwanzig Weihnachtskarten an seine Schulfreunde zu schreiben. Ich hätte das in zwanzig Minuten allein erledigen können, aber ich wollte ihn ermutigen, es selbst zu tun. Und die ganze Zeit versuchte ich, nicht daran zu denken, dass ich noch keine Lebensmittel und Kerzen eingekauft hatte und dass die Geschäfte immer überfüllter sein würden, je länger ich es hinausschob. Die Karten wurden also geschrieben, und wir waren beide mit dem Ergebnis sehr zufrieden. Doch am nächsten

Tag war ich nicht mehr so begeistert, als wir sie nirgends finden konnten. Sie waren einfach spurlos verschwunden. An diesem Abend schrieben wir die Karten ein zweites Mal. (Die ersten fanden wir sechs Monate später – sie waren hinter den Heizkörper gerutscht.) Obwohl ich zu der Zeit alles andere als begeistert war, bin ich im Nachhinein froh, dass ich so gehandelt hatte. Die Zeit, die ich eingesetzt hatte, um meinem Sohn zu helfen, etwas zu tun, was für ihn wichtig war, war weitaus kostbarer als alle Weihnachtsdekorationen, die ich nicht gekauft hatte.

Akzeptieren Sie, dass Weihnachten nicht unbedingt perfekt wird. Wenn Sie nicht ganz für sich allein ein ruhiges Weihnachtsfest verbringen, wird es zu dieser Zeit immer mehr als das übliche Maß an Spannungen und Streitereien geben. So oft geschieht es doch an Weihnachten, dass Mama völlig gestresst ist, wenn sie versucht, ein Essen für fünfzehn Personen zu kochen, während sie zwischen Tante Anne, die sechsundachtzig ist und nicht so viel Lärm vertragen kann, und den neunjährigen Zwillingen vermittelt, die im Haus herumrennen und sich gegenseitig mit Lasergewehren beschießen. Und dann wird noch von ihr erwartet, dass sie die ganze Zeit lächelt, aussieht wie aus dem Ei gepellt und das perfekte Festessen serviert – wunderbar zubereitet und auf die Sekunde pünktlich.

Nehmen Sie nicht die Verantwortung für Dinge auf sich, die gar nicht Ihre Schuld sind. Mütter glauben oft, dass sie für die Harmonie in der Familie zuständig sind. Sobald keine Eintracht mehr herrscht, fühlen wir uns schuldig (obwohl die Ursache vielleicht in einem verlorenen Fußballspiel liegt). Es ist nicht unsere Aufgabe, alle bei Laune zu halten. Versuchen Sie, mit Diplomatie vorzugehen, aber erinnern Sie sich an die klugen Worte, dass Sie nicht alle Menschen gleichzeitig zufrieden stellen können.

Weihnachten kann für alle anstrengend sein. Gehen Sie deshalb das Fest gelassen an und gestalten Sie es auch einmal etwas anders als sonst.

Verbringen Sie Weihnachten einmal mit jemand anderem: Letztes Jahr war unser Freund Colin aus Australien zu Besuch. In der Woche vor Weihnachten fragte uns Colin, ob er einen Mann aus seiner Wohngemeinschaft mitbringen könne, der zum Fest allein war, ein Neuseeländer namens Ian. Außerdem beherbergten wir Smokey, den holländischen Zwerghasen einer Freundin. Es war nicht die übliche Ansammlung von Weihnachtsgästen, aber erfrischend anders als sonst, und alle Kinder genossen es sichtlich, ein so kosmopolitisches Weihnachten zu feiern. Es sind eben Menschen, nicht Geschenke, die unsere Erinnerungen bestimmen werden.

„Was heißt hier, du verstehst nicht, was ‚Nein' bedeutet?"

Wie setze ich meinem Kind Grenzen?

Aus den Buchstaben des Wortes „Kapitulation" kann man unzählige Wörter bilden, bei dem Wort „Nein" ist die Auswahl schon sehr begrenzt. Aber wenn Sie in einem Spielwarengeschäft stehen, und Ihrer Tochter ruhig mitteilen, „Nein", sie könne nicht das neueste Spielzeug haben, das gerade „in" ist – ein echtes Sonderangebot für 100 Euro, fragen Sie sich womöglich, ob:

- Ihr Kind Sie zwar gehört hat, Sie aber ignoriert;
- das Wort „nein" für unter Sechzehnjährige (und manchmal auch für über Sechzehnjährige) etwas völlig anderes bedeutet;
- Ihr Kind gerade sein Gehör verloren hat;
- Sie versehentlich angefangen haben, eine Fremdsprache zu sprechen, die außer Ihnen niemand versteht;
- Ihr Kind von Außerirdischen entführt und durch eine genaue, aber unvollständig programmierte Kopie ersetzt wurde.

„Nein" sagen kann zum Alptraum werden. Wie oft müssen Sie dieses Wort aussprechen, um Ihrem Kind eine einfache Tatsache nahezubringen? Jemand, der keine Kinder hat, wird nie ganz verstehen, welche Reaktion dieses kleine Wörtchen hervorrufen kann. Noch welch überwältigende Gefühle es auszulösen vermag. Und warum ist ein so einfaches Wort so schwer zu verstehen? Man kann nicht früh genug anfangen: Üben Sie schon mal, solange Ihr Kind noch im Kinderwagen liegt. Gehen Sie mit ihm in einen x-beliebigen Laden, schauen Sie sich dort alles an, und sagen Sie dann laut und deutlich: „Nein!" Oder nehmen Sie eine halbe Stunde vor dem Essen die Keksdose hoch und verkünden: „Nein, du kriegst jetzt keinen Keks, sonst verdirbst du dir den Appetit." Sie werden überrascht sein, wie schnell Sie klingen wie eine Schallplatte mit Sprung.

Es gibt so viele Sätze, die Sie auf keinen Fall aussprechen wollten, wenn Sie selbst einmal Mutter sind, Sätze, die Ihnen während

Ihrer ganzen Kindheit in den Ohren klangen. Wenn Sie dann selbst ein lebhaftes Kind haben, fallen sie Ihnen alle wieder ein, und gar nicht so selten hören Sie sich an wie eine Tonbandaufnahme Ihrer eigenen Mutter. Kürzlich hielt ich einen Lyrik-Workshop für Siebenjährige, und wir schrieben ein Gedicht über das Wetter, in dem die Worte „ich will" mehrfach wiederholt wurden. Als ich die Kinder fragte, was sie mit dem Regen machen wollten, meinte ein Junge, seine Mutter würde immer sagen: „Kinder mit 'nem Willen kriegen was auf die Brillen!" Dieser eine wohlbekannte Satz hätte um ein Haar den ganzen Workshop gesprengt.

Überlegen Sie gut, welche Kämpfe Sie mit Ihrem Kind ausfechten wollen – manche Dinge lohnen nicht die Aufregung.

Grenzen setzen – Strukturen schaffen

Eine positive Erziehung bedeutet nicht, dass man alle Wünsche der Kinder zu erfüllen hat. Fallen Sie nicht auf die Lüge herein, dass Nachgiebigkeit die einzige Möglichkeit ist, zu beweisen, dass Sie Ihre Kinder lieben. Kinder müssen lernen, selbst Entscheidungen zu treffen. Daher müssen sie zu einem sehr frühen Zeitpunkt merken, dass sie nicht alles haben können und nicht hier und nicht sofort. Sie müssen wissen, dass ihnen liebevoll Grenzen gesetzt werden. Kinder fühlen sich sicher, wenn sie Struktur und Ordnung in ihrem Leben haben – wenn sie wissen, was annehmbares, rücksichtsvolles Verhalten ist und was nicht. Überlegen Sie, welche Grenzen Sie setzen wollen, und halten Sie sich daran. Das Kind muss wissen, dass es falsch ist, die Katze am Schwanz zu ziehen, auch wenn dieser einladend neben dem Hochstuhl hin und her wedelt. Aber seien Sie nicht überrascht, wenn Ihr Kind die Grenzen doch überschreitet – einfach, um Ihre Reaktion zu testen und zu sehen, ob Sie wirklich meinen, was Sie sagen. Wie oft sind schon Schilder „Rasen betreten verboten" als Einladung missverstanden worden? Also überlegen Sie im Voraus, was Sie in einer solchen Situation tun.

Überlegen Sie gut, welche Kämpfe Sie mit Ihren Kindern ausfechten wollen. Manche sind die Aufregung einfach nicht wert.

Es wird immer größere und wichtigere Probleme geben, also schließen Sie Kompromisse bei Dingen, die im Hinblick auf das ganze Leben wohl kaum ins Gewicht fallen werden. Unsere beiden Töchter wollten sich Ohrlöcher stechen lassen, lange bevor mir das als Kind erlaubt wurde. Wir mussten also überlegen, ob wir die Angelegenheit zu *dem* Thema machen sollten, was vermutlich dazu führen würde, dass sie in entsprechendem Alter hingehen und sich jeden denkbaren Teil Ihres Körper piercen lassen würden, oder ob wir einen Kompromiss schließen sollten. Am Ende kamen wir überein, dass sie sich Ohrlöcher stechen lassen durften, sobald sie sieben waren, aber bis zum Alter von vierunddreißig warten müssten, um sie ein zweites Mal stechen zu lassen – in diesem Alter entschloss ich mich zu einem zweiten Ohrdurchstich ... (ich fürchte allerdings, wir werden demnächst in erneute Verhandlungen eintreten müssen).

Es gibt Zeiten, da müssen Sie zu Ihrem Wort stehen. Ein „Nein“ muss ein „Nein“ bleiben. Ihr Kind wird größere Achtung vor Ihrer Konsequenz haben, wenn Sie keinen großen Aufstand um jedes kleine Problem machen.

Wenn Sie „Nein“ meinen, stehen Sie dazu, wie sehr Ihr Kind Sie auch davon zu überzeugen versucht, dass Sie eigentlich „Ja“ meinen. Geben Sie nicht den unvernünftigen Forderungen eines wütenden Kindes nach. Lassen Sie sich auf keinen Fall erweichen, nachdem das Kind eine halbe Stunde lang gebrüllt und gewütet hat. Denn dann vermitteln Sie ihm die Botschaft, dass es nur ein Riesentheater machen muss, um schließlich seinen Willen durchzusetzen. Bei einem einmal ausgesprochenen Nein zu bleiben, kann zweifellos eine schwierige Sache sein. Doch lassen Sie sich nicht beirren – wenn Ihr Kind lernt, dass Sie auch meinen, was Sie sagen, werden Sie beide davon profitieren. Und wenn Sie die Absicht haben, Ihrem Kind nachzugeben, tun Sie das lieber gleich zu Anfang und nicht nach der Hälfte eines Sieben-Tage-Kriegs oder einem Schreianfall.

Bleiben Sie konsequent. Wenn Sie „Nein“ sagen, halten Sie sich auch daran.

Die richtige Konsequenz

Psychologische Untersuchungen haben gezeigt, dass Spieler nur schwer aufhören können zu spielen, weil sie ja nie wissen, ob der nächste Einsatz nicht vielleicht der große Durchbruch sein wird. Das nächste Pferd, auf das sie mit geliehenem Geld setzen, wird der Gewinner sein. Es ist der Faktor der Unvorhersagbarkeit, der die Probleme verursacht. Wenn ein Spieler sicher wüsste, dass er beim nächsten Rennen verliert, egal auf welches Pferd er setzt, würde er kaum wieder wetten wollen. Aber beim Glücksspiel gibt es immer eine Chance, wie gering sie auch sein mag, dass man beim nächsten Mal das große Los zieht. Das gilt auch für Kinder, wenn Sie sich nicht konsequent verhalten. Wenn Sie sechs Mal „Nein" sagen und dann beim siebten Mal „Also gut!", vermitteln Sie ihnen die Botschaft, dass sie vielleicht bekommen, was sie wollen, wenn sie nur weiter quengeln und nörgeln. Nehmen Sie also den Faktor des Unvorhersagbaren aus dem Spiel, so dass Ihr Kind genau weiß, woran es ist.

Sie müssen darauf gefasst sein, sich über lange Zeit mit demselben Problem herumzuschlagen, ohne auf halber Strecke die Regeln zu ändern. Stellen Sie sich mal ein Fußballspiel vor, in dem der Schiedsrichter einige Regeln ändert, ohne den Spielern etwas zu sagen: So ist es plötzlich erlaubt, den Ball aufzunehmen und mit ihm davonzurennen, und wegen übler Fouls werden die

Spieler nicht mehr vom Platz verwiesen. Es würde nicht lange dauern, bis das Spiel völlig zusammenbricht und es einen Aufstand gibt – und der Schiedsrichter würde sich zweifellos einige deutliche Worte von Spielern und Zuschauern anhören müssen! Es ist schwer, sich an die selbst gesetzten Grenzen zu halten, zahlt sich aber am Ende aus. Wenn Sie zum Beispiel beschlossen haben, dass im Haus nicht Ball gespielt wird, halten Sie sich daran. Die Kinder versuchen vielleicht, diese Regel zu durchbrechen – meine laden Freunde ein und benutzen ein Paar zusammengeknüllte Socken mit der Erklärung: „Aber Mama, es ist doch kein *Fußball.*" Ich muss einige Regeln sehr deutlich formulieren und einen Ball zum Beispiel definieren als ein Objekt jeder Form und Größe, das getreten oder geworfen werden kann. Seien Sie den Kindern in diesem Spiel immer einen Schritt voraus – denn sie werden jedes Hintertürchen finden, um Ihre Regeln zu durchbrechen. Halten Sie sich vor Augen, dass Kinder nicht über Nacht zu vernünftigen und verantwortungsbewussten Zeitgenossen werden.

Aber die anderen haben das alle ...!

Gruppendruck kann für ein Kind sehr belastend sein. Die Gruppe hat bei Kindern große Bedeutung. Alle Freundinnen Ihrer Tochter haben schon den neuesten Modeartikel – außer ihr selbst –, so erzählt sie es Ihnen zumindest. Es geht nicht nur darum, mit den anderen mitzuhalten. Wir leben in einer Gesellschaft, in der Besitz mit Wohlergehen gleichgesetzt wird. Wenn Sie die richtige Marke bei Waschpulver und Mikrowelle haben, das richtige Frühstücksmüsli oder einen Mini-CD-Player, fühlen Sie sich gut. Wenn Sie jeden neuesten postmodernen Schnickschnack haben, der auf dem Markt ist, fühlen Sie sich gut. Wenn Sie 2 Autos, 1,7 Kinder und 1,5 Katzen haben, fühlen Sie sich gut. Und Kinder sind ebenso anfällig für Werbung wie Erwachsene.

Und Gruppendruck beschränkt sich nicht nur auf Besitz. Kinder nehmen sehr wohl Unterschiede zwischen Menschen wahr. Sie haben eine gute Beobachtungsgabe und entdecken Dinge, die uns völlig entgehen. Kinder möchten sich nicht von ihren Freunden abheben – sie haben das Gefühl, anders zu sein, wenn sie nicht dasselbe zu Weihnachten bekommen wie ihr bester Freund. So wird der Druck auf Mutter oder Vater übertragen. Sie könnten dann leicht das Gefühl bekommen, dass Sie allen Wünschen Ihres Kindes gerecht werden müssen, um ihm Ihre Liebe zu zeigen. Doch wenn Sie anfangen, Liebe gleichzusetzen mit dem Kauf teurer Geschenke, werden Sie bald merken, dass Sie sich auf eine abschüssige Einbahnstraße nach unten begeben haben. Öffnen Sie Ihren Kindern die Augen dafür, dass es nicht das uniformierte Outfit ist, das Menschen anziehend macht, sondern die Einzigartigkeit einer Person und ihre Individualität. Ermutigen Sie Ihre Kinder, sich selbst in ihrer Einzigartigkeit zu entdecken und wertzuschätzen und Ausdrucksmöglichkeiten für ihre ganz eigene Persönlichkeit zu finden. Machen Sie ihnen bewusst, dass ja gerade der Unterschied zu anderen die Anziehungskraft eines Menschen ausmacht – und dass die Welt sehr langweilig wäre, wenn alle Menschen gleich wären.

Machen Sie sich ganz klar, dass Liebe nicht in Geschenken messbar ist. Sie können Ihren Kindern zeigen, dass Sie sie lieb haben, ohne einen Wochenlohn für den letzten Modeschnickschnack auszugeben.

Zu meiner Taufe schenkte mein Patenonkel mir eine Bibel. Darin war ein Brief von ihm, den ich lesen sollte, wenn ich älter wäre. Ein Abschnitt handelt von meinen Eltern und lautet folgendermaßen: „Sie können und sollten dir nicht alles geben, was du *willst* – aber sie werden immer versuchen, dir alles zu geben, was du *brauchst*."

Es besteht ein großer Unterschied zwischen Wünschen und echten Bedürfnissen. Natürlich ist es wunderbar, wenn Sie Ihrem Kind seinen Herzenswunsch erfüllen können, und die meisten Eltern tun ihr Bestes, um das möglich zu machen. Aber es ist ein Unterschied zwischen einem einmaligen besonderen Geburtstagsgeschenk und einer nie endenden Kette von verrückten Dingen, die am Ende Sie verrückt machen. Und nicht alle Eltern können sich ein elektronisch gesteuertes sprechendes Nilpferd leisten oder ein riesiges ferngesteuertes Auto. Auch Geburtstagsfeiern werden oft zu Streitpunkten. Wenn Kinder erst alt genug sind, um Geschmack daran zu kriegen, dass einige ihrer Freunde große Partys mit Alleinunterhaltern und Hüpfburgen feiern, geht der Druck los. Sie müssen sich entscheiden, welche Art von Geburtstagsfeier Sie Ihrem Fünfjährigen ausrichten wollen, und aufpassen, dass Sie nicht in den nie endenden Teufelskreis hineingezogen werden, mit aller Welt mithalten zu müssen. Tun Sie das, was Ihr Geldbeutel und Ihre Nerven hergeben.

Wir durchliefen eine Phase, in der wir offensichtlich die einzigen Eltern der Welt waren, die noch nicht mit ihren Kindern in Disneyland waren. Was für lausige Eltern waren wir! Eine zweite Hypothek aufzunehmen, um die Fahrt zu bezahlen, hätte das Problem nur zeitweilig gelöst, denn danach hätten zweifellos alle anderen Eltern der Welt noch tollere Ferienerlebnisse geboten. Am Schluss wären wir die einzigen Eltern gewesen, die noch kein Haus auf dem Mond hatten ...

Sagen Sie Ihrem Sohn oder Ihrer Tochter, dass Sie sie lieb haben, aber es sich nicht leisten können, gerade dieses spezielle Geschenk zu kaufen, oder dass Sie es nicht für klug halten und aus welchen Gründen. Kinder schätzen Ehrlichkeit, auch wenn sie enttäuscht sind. Wenn Sie es sich leisten können, ihre Wünsche zu erfüllen, es aber nicht für ratsam halten, erklären Sie auch das. Schließlich ist es Ihre Aufgabe, Ihre Kinder sinnvoll zu erziehen; Sie sind nicht dazu berufen, allen ihren vorübergehenden Launen nachzugeben. Wenn der Einkaufsbummel zu einem einzigen Kampf wird, weil Ihre Tochter sich etwas kaufen will, das Sie sich nicht leisten können, nehmen Sie Ihre Tochter nicht mehr mit, statt dasselbe Theater jede Woche zu wiederholen. Wenn Sie Ihre Kinder zum Supermarkt mitnehmen müssen, sagen Sie im Voraus, dass sie nur eine Süßigkeit bekommen (und den Preis dafür), so dass sie sorgfältig auswählen müssen. Kinder können besser mit Enttäuschungen umgehen, wenn sie Ihr Denken verstehen, auch wenn sie nicht damit einverstanden sind. Es ist weitaus besser, ihnen eine Erklärung zu geben, als dass sie glauben, Ihr „Nein" sei nur eine vorübergehende Laune *Ihrerseits*.

Kinder schätzen Ehrlichkeit, auch wenn sie enttäuscht sind. Scheuen Sie sich also nicht, Ihrem Kind zu erklären, warum Sie „Nein" gesagt haben.

Geben Sie Ihrem Kind Gelegenheit, den Wert des Geldes einschätzen zu lernen. Geben Sie ihm eine geringe Summe für Süßigkeiten, wenn es klein ist, und es wird bald verstehen, dass Geld nicht aus Gummi ist. Unsere Kinder waren hochbeglückt, wenn sie immer mal wieder einen Penny bekamen, bis sie alt genug waren, um zu begreifen, dass sie dafür nicht viel kaufen konnten. Ermutigen Sie Ihr Kind, auf etwas zu sparen, das es sich wirklich wünscht, indem es einen Teil seines Taschengeldes beiseite legt und Arbeiten im Hausalt erledigt. Wir leben in einer Instantwelt: Kaffee, Fast Food, Rubbellose. Doch in Wirklichkeit sind die besten Dinge im Leben die, auf die es sich lohnt zu warten.

Wenn die Sonne plötzlich nicht mehr scheint

Grundsätzlich ist es gut, das Kind in alles einzubeziehen, was Sie tun, doch es gibt Situationen, in denen die Hilfe eines Kleinkindes eher hinderlich ist und man ganz einfach „Nein“ sagen muss. Wenn Sie Ihr Kind so viel wie möglich in Ihr tägliches Leben einbeziehen – es kann beim Autowaschen oder Fensterputzen helfen –, kann es leichter akzeptieren, dass Sie seine Hilfe nicht brauchen können, wenn Sie eine Rechnung bezahlen oder eine lange Zahlenreihe addieren. Natürlich würden wir alle unsere Kinder gern vor Enttäuschungen bewahren, und es ist traurig, dass das nicht immer möglich ist. Das Beste, was Sie also tun können, ist, Ihr Kind in die Lage zu versetzen, mit dem Auf und Ab des Lebens umzugehen.

Das schwerste „Nein“, das ich je aussprechen musste, war vermutlich, als einer der besten Freunde unserer Kinder die Schule verließ. Es war eine abrupte Entscheidung nach einer sehr schwierigen Zeit für die betreffende Familie. Ich wusste, dass wir vermutlich nicht in Kontakt bleiben würden, auch wenn wir uns das sehr gewünscht hätten. Als unsere Tochter mit der traurigen Nachricht aus der Schule kam, kniete ich mich auf dem Schulhof hin, nahm sie in die Arme und ließ sie weinen. Aber als sie mich

Wenn Sie Ihrem Kind immer nachgeben, bereiten Sie es nicht darauf vor, mit den Enttäuschungen des Lebens fertig zu werden.

fragte, ob wir wohl in Verbindung bleiben würden, musste ich „Nein“ sagen. Sie kannte die Antwort auf diese Frage bereits, und ich wusste, dass ich ihr keinen Gefallen tun würde, wenn ich Versprechungen machte, die ich nicht halten konnte.

Es gibt Momente, in denen Sie „Nein“ sagen und später feststellen, dass Sie besser „Ja“ gesagt hätten. Wir verfallen leicht in die Gewohnheit, negativ statt positiv zu reagieren, besonders wenn mehrere kleine Kinder da sind, die Forderungen stellen, und man nicht die Zeit oder Energie hat, jede Bitte genau abzuwägen. Meine Freundin Claire holte ihren Sohn Jonathan an einem Tag von der Schule ab, an dem dort gerade eine Spendenaktion lief. Jonathan erzählte ihr, dass sie Münzen gerollt hätten, um Geld für die Schule aufzutreiben. Sie fragte ihn, ob ihm das Spaß gemacht habe, und Jonathan antwortete, er habe gar nicht mitmachen können, denn als er sie heute früh um ein paar Münzen gebeten hatte, habe sie „Nein“ gesagt. Claire war so überlastet gewesen, dass sie sich noch nicht mal an seine Frage erinnerte!

Wie oft habe ich schon Fragen beantwortet, an die ich mich gar nicht erinnern kann. Kinder entwickeln ein Talent dafür, gerade dann den Kühlschrank oder die Speisekammer zu plündern, wenn Sie am Telefon sind. Wenn Sie abgelenkt sind, kann ein Kopfnicken als alles Mögliche gedeutet werden. In Wirklichkeit kriegen Sie nie alles mit, was abläuft, also seien Sie ein wenig flexibel.

Dauernde Bitten der Schule, Mitglied des Fördervereins zu werden und zu spenden, können selbst die unterstützungswilligsten Eltern zur Verzweiflung treiben. Es ist zwar gut, die Schule Ihres Kindes zu unterstützen, doch manchmal hat man die Nase voll von Briefen, in denen man gebeten wird, für das Schulfest Kuchen zu backen und beim Verkauf mitzuhelfen. Eine vielbeschäftigte Mutter ging zu Beginn des Schuljahres in die Schule ihrer Tochter und überreichte dem Direktor einen Scheck von 50 Euro mit der ausdrücklichen Bitte, dass man ihr ein Jahr lang nicht einen einzigen Brief schicken solle, in dem es um Kuchen backen, Wanderungen für einen guten Zweck oder das Verkaufen von Losen ging. Eine hübsche Idee, wenn man 50 Euro zu verschenken hat! Dauernde Bitten um Spenden oder Mithilfe können einem den letzten Nerv rauben, egal woher sie kommen.

Helfen Sie also, wo Sie können, aber scheuen Sie sich nicht, „Nein" zu sagen, wenn das eben nicht möglich ist. Und das gilt für die Familie genauso wie für die Schule. Wenn Sie nicht die Möglichkeit haben, sechzehn Verwandte unterzubringen, und es Ihnen vor so viel Besuch graut, sagen Sie das. Leiden Sie nicht still vor sich hin, und verbringen Sie nicht die gesamten Weihnachtstage mit Märtyrermiene in der Küche.

In der Regel sind es die Mütter, die am häufigsten „Nein" sagen müssen, wenn es um Dinge des täglichen Lebens geht. Sie sind es, die die Enttäuschung auffangen müssen, wenn die Unterlippe Ihres Kindes zu zittern beginnt. Wenn Sie einen Partner haben, teilen Sie sich die Verantwortung, wenn Entscheidungen getroffen werden müssen, und sorgen Sie bei wichtigen Dingen dafür, dass Ihr Kind begreift, dass dies die gemeinsame Entscheidung beider Elternteile ist. Sie müssen sich als Eltern einig sein, wenn Sie verhindern wollen, dass Ihr Kind Sie gegen Ihren Partner ausspielt, um die Antwort zu bekommen, die es haben will. Seien Sie sich einig darin, dass niemand die Autorität des anderen unterminiert. Wenn also einer von Ihnen „Nein" gesagt hat, bleiben Sie dabei, auch wenn Sie sich später mit dem Partner darüber auseinandersetzen. Kinder kriegen bald heraus, wenn ein Elternteil eher geneigt ist „Ja" zu sagen, und werden folglich versuchen, den anderen zu umgehen.

Kinder können kleine Experten darin werden, einen Elternteil gegen den anderen auszuspielen, also vermitteln Sie dem Kind, dass Sie sich beide einig sind.

„Ja" zu sagen ist immer erfreulicher als „Nein" zu sagen; ergreifen Sie daher jede Gelegenheit, das zu tun. Geben Sie den Kindern Wahlmöglichkeiten, statt ein Ultimatum zu stellen, damit sie lernen, Verantwortung für ihre Handlungen zu übernehmen. Und während eine gewisse Regelmäßigkeit im Lebensablauf für ein Kind wichtig ist, ist es doch aufregend, einmal die tägliche Routine bewusst zu durchbrechen. Einmal fuhren wir spät abends von einer Urlaubsreise aus Schottland zurück. Am Beginn der Reise fragten die kleineren Kinder, ob sie aufbleiben durften, bis wir zu Hause wären, also gegen Mitternacht. Wir erlaubten ihnen, wach zu bleiben, wenn sie das schafften. Um elf Uhr konnten sie kaum noch die Augen offen halten und mussten sich sehr anstrengen, um wach zu bleiben. Aber sie fanden es toll, so lange aufbleiben zu dürfen, und erinnern sich heute noch an diese Fahrt. Merkwürdigerweise haben sie nie mehr darum gebeten, so lange aufbleiben zu dürfen. Ihr Kind wird sich noch lange daran erinnern, wenn Sie seiner Bitte nachgekommen sind, also haben Sie keine Angst davor, von Ihrem Kind auch einmal zu einem „Ja“ überredet zu werden. Freuen Sie sich hin und wieder an einem unerwarteten Augenblick.

3

Fortschritte

Und wo bleibe ich?

Wie vermeide ich das „Mama-macht-das-schon"-Syndrom?

Es ist wunderbar, wenn ein anderer Mensch Sie schätzt – nicht, weil Sie gerade sein Zimmer gestrichen oder seine Hose geflickt haben, sondern einfach so, um Ihrer selbst willen. Das geschieht nicht sehr oft, da es leichter fällt, bei einem anderen Fehler zu finden, als ihm anerkennend auf die Schulter zu klopfen. Der Muttertag ist eine Ausnahme, und eine sehr willkommene dazu. Im Jahr 2001 wurden dreizehn Millionen Karten an Mütter im ganzen Land verschickt. Und dabei sind natürlich all die selbstgebastelten, oft noch Klebstoff-verschmierten Karten nicht gerechnet, die Kinder ihren Müttern zusammen mit einer Tasse Tee und einem Stück Kuchen liebevoll in die Hand gedrückt haben.

Muttertag sollte viel öfter gefeiert werden, zumindest im Geiste. Die Haltung meiner Kinder diesbezüglich hat sich eindeutig verbessert, auch wenn der Eindruck durch den Kommentar auf einer Karte leicht getrübt wurde, der den Hinweis, dass Chelsea (meine Lieblingsmannschaft, aber nicht die der restlichen Familie) einen Platz in der Liga abgerutscht sei, mit den Worten „ätsch, bätsch!" versah. Mütter tun so viel für ihre Kinder aus einer Mischung von Liebe und Notwendigkeit. Im Allgemeinen erwarten Sie nicht, dass man Ihnen alle fünf Minuten dankt und schließlich haben *Sie* ja – geplant oder ungeplant – sich für das

Kind entschieden. Also liegt es auch in *Ihrer* Verantwortung, Taxiservice oder Krankenschwester zu spielen. Doch wenn alles, was man tut, und schließlich man selbst so ganz und gar als selbstverständlich hingenommen wird, ist das eine ganz andere Sache. Das kann mehr verletzen, als barfuß auf ein Spielzeugauto zu treten.

Mutter sein muss nicht bedeuten, selbstverständlich und ungefragt für alles und jedes zuständig zu sein. In dem Moment, wo Sie sich ausgenutzt fühlen, ist es Zeit, den Mund aufzumachen.

Mama wird oft als ein Teil der Einrichtung betrachtet, ein gemütlicher Sessel, der immer da ist, zuverlässig und sicher. Das Problem ist, dass Mütter sich nicht immer wie gemütliche Sessel fühlen wollen. Irgendwo tief im Innern bin ich immer noch siebzehn. Manchmal möchte ich lieber mit einem Heißluftballon herumfliegen, statt als Sitzpolster benutzt zu werden. Und es gibt auch die verrückten Augenblicke, da ich überhaupt jemand ganz anders sein möchte – Julia Roberts zum Beispiel.

An einem ganz normalen Samstagmorgen

Vor ein paar Jahren wurde mir nach einem Wocheneinkauf bewusst, wie sehr alle in der Familie selbstverständlich davon ausgingen, dass „Mama das schon macht". Eines Samstags stand ich auf, und statt später, wenn alle anderen auch einkauften, den ganzen Vormittag mit Einkäufen zu verplempern, brach ich schon sehr früh auf, um alles allein zu erledigen. Ich ließ das Frühstück sausen, ließ die Kinder, die zufrieden in ihren Zimmern spielten, und einen Mann, der gerade mühsam ins Land der Lebendigen zurückfand, zurück. Alles lief wunderbar: Die Regale waren gefüllt, der Laden leer, und ich fand sogar einen Einkaufswagen, der nicht schlingerte. Zufrieden mit mir selbst kehrte ich nach Hause zurück und hätte gleich ahnen können, dass etwas nicht stimmte, als der Hund nicht wie gewohnt an mir hochsprang, sondern sich in eine stille Ecke verzog.

Ich schleppte fünfzehn prall gefüllte Plastiktüten ins Haus, doch keiner schien mich zu bemerken. Meine gute Laune hatte schon einen Dämpfer erhalten, war aber noch nicht ganz verflogen, und ich ging ins Wohnzimmer, um meine Kinder zu begrüßen. Hier sah es aus, als wäre die ganze Nacht hindurch gefeiert worden. Ein großer Kuchen war über die Sessel gekrümelt. (Wie um alles in der Welt kamen sie darauf, Kuchen zum Frühstück zu essen?) Überall war Babybrei verteilt, doch offenbar nicht an das Baby, das mit heruntergerutschtem Lätzchen umherkrabbelte und nach Leibeskräften brüllte. Was noch schlimmer war: Überall waren durchweichte Cornflakes und Müsli verstreut, die knackende Geräusche von sich gaben.

Die Freude über meine aufopfernde Einkaufsfahrt begann sich in Luft aufzulösen, als ich pflichtbewusst Besen, Kehrschaufel, Tuch, Teppichreiniger und Müllsäcke holte. Der Rest der Familie schien überhaupt nicht zu merken, dass meine Selbstbeherrschung die Schmerzgrenze erreicht hatte, und fragte nach Krapfen, Tee, Saft und der Zeitung. Das war einfach zuviel. Ich begann zu brüllen, doch ohne Erfolg, also griff ich in meiner Verzweiflung nach dem nächsten Gegenstand, der zufällig ein Apfel war, und warf ihn durch die Diele gegen die Haustür. Ich fand das matschende Geräusch so befriedigend, dass ich die restlichen sechs Äpfel rasch hinterher warf – und zum ersten und einzigen Mal in meinem Leben die Chance gehabt hätte, in Englands Cricket-Team aufgenommen zu werden.

Mein Ausbruch war für alle ein enormer Schock. So weit es sie betraf, war ich zum Einkaufen gegangen, dann nach Hause zurückgekehrt und benahm mich nun wie eine Verrückte. Sie hatten keine Ahnung, dass sich unter der friedlichen Oberfläche etwas zusammengebraut hatte und dass es der letzte Tropfen war, der das Fass zum Überlaufen brachte, als ich nach Hause kam und dieses Chaos vorfand.

Wenn Sie das Gefühl, dass keiner sie mehr richtig wahrnimmt, in sich schwelen lassen, wird es mit Sicherheit irgendwann eine unerwartete Explosion geben. Es ist also wichtig, dieses Gefühl konstruktiv anzugehen, sobald Sie sich dessen bewusst sind. Vielleicht gehen Sie gerade unter in einem Stapel alter Zeitungen, Chipstüten und Gutscheinen von den Lieblingskekspackungen der lieben Kleinen, in dem Versuch, Ihren Beitrag zum Erziehungssystem zu leisten. Und nicht nur Mütter von kleinen Kindern haben das Gefühl, dass es nur noch um die anderen, aber nicht mehr um sie geht. Wenn Ihre fast erwachsenen Sprösslinge Ihnen Berge von dreckiger Wäsche bringen, ist das genau so schlimm wie der unangemeldete Besucher, der genau zur Essenszeit kommt und erwartet, eingeladen zu werden. Das ist alles in Ordnung, solange Sie bereit sind, die Wäsche zu waschen und eine Mahlzeit für zwei in eine für drei Personen zu strecken – und seien wir ehrlich, die meisten Mütter tun das gerne. Aber in dem Moment, wo Sie sich ausgenutzt fühlen, ist es Zeit, den Mund aufzumachen.

Gefühle des Grolls in sich zu nähren, ist die sicherste Methode, sich noch schlechter zu fühlen.

Lassen Sie nicht zu, dass solche Gefühle sich aufstauen. Groll ist wie die drei kleinen Stabinsekten, die Sie für ihre Tochter kaufen. Zunächst bemerken Sie sie kaum, aber dann vermehren sie sich eines Tages, und man sieht sie überall im Haus, sie kleben im Zuckertopf, hängen an den Lampen und lauern in dunklen Ecken. Dann haben Sie ein Problem. Und glauben Sie mir, dreiundsiebzig Gespenstheuschrecken sind hundertmal schwerer zu übersehen als drei. In dem Moment, da Sie merken, dass sich in Ihnen Groll anstaut, ist es Zeit, darüber zu reden.

Bitte?

Reden Sie mit einem Freund oder einer Freundin, einem Menschen, der zuhört und Ihnen den rechten Rat geben kann. Wenn Sie einen Partner haben, teilen Sie ihm mit, wie Sie sich fühlen. Das durchschnittliche Ehepaar spricht am Tag vier Minuten miteinander. Vier Minuten! Wie viel Bedeutsames man sich in diesem kurzen Augenblick sagen kann, weiß ich nicht. Bemühen Sie sich auf jeden Fall, sich gegenseitig Ihre Gefühle mitzuteilen. Wenn Sie ihm nicht sagen, was Sie empfinden, wird er es wohl nicht erraten, und das gilt auch umgekehrt. Sie müssen mit Ihrer besseren Hälfte Zeit verbringen, um zu verstehen, unter welchen Belastungen jeder von ihnen leidet. Brechen Sie nicht einen Streit vom Zaun, indem Sie ihn beschuldigen, sondern bleiben Sie ruhig. Je früher Sie über Ihre Gefühle sprechen, desto einfacher wird es sein, Lösungen für Ihr Problem zu finden. Überlegen Sie ganz genau, wo und warum Sie sich überfordert oder ausgenutzt fühlen, und tun Sie etwas, um das Problem zu lösen. Verallgemeinern Sie nicht, sondern sagen Sie ganz konkret, welche Veränderungen Sie sich wünschen. Wenn Sie das Gefühl haben, dass Sie die Hauptlast der Kinderbetreuung tragen, sagen Sie das Ihrem Partner und organisieren Sie Ihr Leben so, dass Sie auch hin und wieder einen Abend frei haben oder einmal weggehen können. Mütter sind oft automatisch die Babysitter. Väter sehen es meistens als selbstverständlich an, dass sie über ihre Abende oder Wochenenden verfügen können, ohne sich um die Kinderbetreuung zu kümmern. Es wird einfach angenommen, dass die Mutter immer da ist. Wenn sie einmal etwas anderes vorhat, muss sie dafür sorgen, dass die Kinder betreut werden.

Reden Sie über Ihre Gefühle – und zwar mit den Menschen, die es angeht.

Es ist gut, wenn die Kinder sehen, dass Sie und Ihr Partner im Gespräch sind. Es ist ein gutes Beispiel für sie, wenn sie mitbekommen, dass die Eltern Sorgen und Freuden gemeinsam tragen. Die Kinder werden so ermutigt, auch selbst mit Ihnen zu sprechen. Anweisungen wie: „Mach's bloß nicht so wie ich" oder „Tu, was ich dir sage" funktionieren nicht. Kinder ahmen das nach, was sie sehen und hören, und nehmen unbewusst viel mehr auf, als wir wahrhaben wollen. Wenn Ihr Kind sieht, wie Sie Ärger in sich aufstauen, ist dies das Rollenmodell, das Sie ihm vorleben. Wenn Sie Ihrem Kind Schimpfwörter verbieten, während Sie selbst mit Kraftausdrücken nur so um sich schmeißen, raten Sie mal, was das Kind macht, wenn Sie außer Hörweite sind? Ob es Ihnen gefällt oder nicht, ältere Kinder tun am ehesten das, was Sie *tun*, statt das, was Sie ihnen *sagen*. Versuchen Sie also, ein positives Beispiel zu geben. Wenn Kinder in einer Familie aufwachsen, in der es viel positive Kommunikation gibt, fällt es ihnen leichter, mit anderen Menschen (Mütter eingeschlossen) zu kommunizieren.

Kinder merken instinktiv, wenn etwas nicht stimmt – sie spüren wie Erwachsene, dass etwas in der Luft liegt. Wenn Sie unglücklich sind, weil Sie das Gefühl haben, als Fußabtreter benutzt zu werden, wissen die Kinder, dass Sie sich elend fühlen, auch wenn sie den Grund nicht kennen. Sagen Sie Ihrem Kind direkt, wie Sie empfinden. Wenn Sie das Gefühl haben, dass Ihr Zuhause wie ein Hotelbetrieb genutzt wird, überlegen Sie genau, welches Verhalten Ihnen dieses Gefühl vermittelt. Machen Sie keine Vorwürfe und verallgemeinern Sie nicht, sagen Sie vielmehr ganz ruhig, was Ihnen nicht passt. Vielleicht kommt Ihr Sohn gar nicht auf die Idee, dass er sich vielleicht ein wenig rücksichtslos verhält – er glaubt sicher, dass Sie die allerbeste Mutter der Welt sind –, vielleicht hat er nur vergessen, Ihnen zu zeigen, wie sehr er Sie schätzt. Je besser Ihr Kind Sie versteht, desto eher wird es mit Ihnen statt gegen Sie arbeiten.

Ich sage dir, was ich mir wünsche

Setzen Sie nie einfach voraus, dass Ihr Sohn oder Ihre Tochter wissen, welche Verhaltensänderungen Sie sich wünschen. Sagen Sie klar und deutlich, was Sie von Ihnen erwarten, damit sie wenigstens wissen, dass es Sie wütend macht, wenn die Kinder zur Tür hereinkommen und ihre Taschen und Mäntel einfach auf den Boden werfen. Sagen Sie Ihnen, wie sehr Sie es schätzen würden, dass sich die Kinder angemessen benehmen, wenn die Großmutter zu Besuch kommt. Sagen Sie, was Sie sich zum Geburtstag wünschen. Wenn Sie Ihren Kindern keine Hinweise geben, sollten Sie sich nicht wundern, dass Sie statt Blumen, Parfüm und einem Roman Ihres Lieblingsautors das Buch *A-Z der Kinderkrankheiten*, eine Tube Kraftkleber und einen Büchsenöffner überreicht bekommen. Dann bleibt Ihnen nur noch übrig, sich liebenswürdig zu bedanken, denn Sie wissen, dass die Kinder es gut gemeint haben – und sich den Blumenstrauß selbst zu kaufen.

In einem Jahr bekam ich sehr seltsame Geschenke: Eine Schachtel Pralinen (die von den anderen sofort aufgegessen wurde), ein Tätowierungsset mit verschiedenfarbigen Tinten, ein Schaumbad, ein Quartett und einen Videofilm. Außer dem Video, das ich mir gewünscht hatte, wurden die anderen Sachen gleich von den Kindern übernommen. Ein paar Tage lang lief ich mit einem zweischwänzigen rot und schwarzgestreiften Tiger auf meiner Schulter herum – der extra Schwanz wurde hinzugefügt, weil beim ersten das Abziehbild verrutscht war.

Sagen Sie Ihrer Familie, dass Sie alles, was Sie tun, deshalb tun, weil Sie sie lieb haben, aber dass Sie gern vorher wüssten, an welchen Mahlzeiten die älteren Kinder teilnehmen. Ebenso würden Sie sich freuen, wenn die Kinder helfen würden, die Einkaufstüten aus dem Auto ins Haus zu tragen oder das Chaos aufzuräumen, das sie angerichtet haben. Wenn dieser Appell nicht reicht, machen Sie bestimmte Handgriffe zu regelmäßigen Aufgaben für die Kinder. Wenn Sie sich ausgenutzt fühlen, weil Ihr Kind kommt und geht, wann es ihm beliebt, ohne Ihnen zu sagen, wann es zu Hause sein wird, sprechen Sie mit ihm darüber. Wenn Sie von Ihrem Sohn oder Ihrer Tochter ganz normale Höflichkeit erwarten, ist das nicht zu viel verlangt. Erklären Sie, dass dies auch Ihr Zuhause ist. Ermutigen Sie Ihre Teenager, ihre Wäsche selbst zu waschen und zu bügeln. Sie brauchen nicht das ganze Leben lang die Waschfrau zu spielen.

Wenn Sie Ihren Kinder deutlich sagen, was Sie wollen, ist das viel wirksamer, als Andeutungen zu machen in der Hoffnung, dass sie daraus die richtigen Schlüsse ziehen.

Wenn wir am Ende des Tages alle Bücher und Spielsachen aufräumen, gebe ich den Kindern bestimmte Aufgaben. Das Problem ist immer, dass jedes Kind auch etwas aufräumen muss, das nicht ihm gehört. Sie sagen jeden Abend das Gleiche: „Das hab ich nicht liegen lassen." Und ich sage jedes Mal, dass es bestimmt nicht ich war, die den Inhalt einer Kiste Legos auf dem Boden ausgeleert und dann Flohhüpfen damit gespielt hat, und es daher auch nicht meine Aufgabe ist, die Steine aufzuräumen. Aber weil wir eine Familie sind, helfen wir alle zusammen. Als Team arbeiten und einander zu helfen, ist der Schlüssel für ein gutes Familienklima. Meine Freundin Gill hat ein schlaues Belohnungssystem für das Trauma des allabendlichen Aufräumens. Wenn das Chaos gelichtet ist und das Haus wieder bewohnbar aussieht, kuschelt sie sich mit den Kindern aufs Sofa und öffnet eine Packung bunter Süßigkeiten, wie Smarties oder Gummibärchen. Jedes Kind bekommt ein Stück – wenn es zuvor die Farbe errät, bekommt es ein zweites und so weiter, bis es einmal falsch rät. Dann kommt das nächste Kind dran. Einmal habe ich da mitgemacht – ich war gerade gekommen, nachdem die ganze Arbeit erledigt war, aber bevor die Süßigkeiten verteilt waren – es hat mir Riesenspaß gemacht, obwohl ich glaube, dass ich manchmal ausgetrickst wurde!

Als ich klein war ....

Nehmen Sie sich Zeit, mit Ihrem Kind zu reden, nicht nur über das, was Ihr Kind bewegt, über seine Gedanken und Gefühle, sondern auch über Sie selbst. Kinder interessieren sich immer dafür, wie Mama als kleines Mädchen war. Erzählen Sie ihm merkwürdige und faszinierende Erlebnisse aus Ihrer eigenen Kindheit: Die Orte, an denen Sie waren und die das Kind nicht kennt, und die Streiche, die *Sie* als Kind ausgeheckt haben. Darüber wird es sicher staunen! Sprechen Sie auch darüber, was Sie in Zukunft tun wollen, über Ihre Träume. Ihr Kind weiß vielleicht gar nicht, was Ihre Lieblingsfarbe oder Ihr Lieblingsessen ist. Wenn Sie mit Ihrem Kind über sich selbst sprechen, helfen Sie ihm zu verstehen, dass Sie auch außerhalb Ihres Daseins als Mama in Raum und Zeit existieren, und dass Sie

Achten Sie darauf, dass Ihr Kind Sie als eigenen Menschen kennen lernt und nicht nur als „Mama-macht-das-schon".

ein eigener Mensch sind. So wird Ihr Kind mehr in Ihnen sehen als nur die für den reibungslosen Ablauf des Lebens zuständige Mutter – vielleicht kann Ihr Sohn oder Ihre Tochter Ihnen sogar wertvolle Anregungen geben. Je mehr Sie miteinander reden, desto größeres Verständnis wird zwischen Ihnen und Ihrem Kind herrschen.

Eine andere Art der Kommunikation ist das Rollenspiel. Es wirkt Wunder, wenn es darum geht, Ihrem Kind zu zeigen, wie Sie sich fühlen. Sie brauchen das auch nicht tierisch ernst zu nehmen – die Botschaft kommt trotzdem rüber. Selbst kleine Kinder haben Vergnügen daran, mit Mama Rollen zu tauschen. Tun Sie so, als seien Sie das Baby und das Kind die Mutter, und benehmen Sie sich dann entsprechend (aber steigern Sie sich nicht zu sehr in diese Rolle hinein, und denken Sie daran, dass Sie die Spielsachen, die sie umherwerfen, auch wieder aufräumen müssen!). Meine Kinder haben es sichtlich genossen, mir zu sagen, dass ich keine Kekse oder noch ein Glas Saft kriege, weil es gleich Essen gibt, oder darauf zu bestehen, dass ich ohne Widerrede um sechs ins Bett müsse. An diesem Punkt muss das Spiel dann aufhören, denn wenn ich mich zu früh am Abend hinlege, stehe ich bis zum Morgen nicht wieder auf! Es ist schon verblüffend, wie zehn Minuten „Ich will aber“ aus Ihrem Mund die Kinder sichtlich zur Weißglut bringen!

Kennen Sie schon unsere neueste Tiefkühlpizza?

Nehmen wir mal an, die Kinder haben sich wirklich schlecht benommen und das genaue Gegenteil von dem getan, was Sie gesagt haben. Sie haben sie auf frischer Tat ertappt, und da stehen sie nun und kriegen eine richtig schöne und wohlverdiente Standpauke. Sie kommen gerade zum wichtigsten Punkt Ihrer Strafpredigt, als es an der Tür klingelt. Sofort bricht Chaos aus, der Hund bellt, die Kinder stürzen aus dem Zimmer, und bis Sie an die Haustür kommen, sind die Kinder schon verschwunden, und Sie müssen sich mit dem Mann auseinander setzen, der Ihnen die neuesten Tiefkühlgerichte verkaufen will. Fünf Minuten später ist die Luft raus, und Sie haben den günstigen Moment verpasst. Nun sind die Kinder spurlos verschwunden, außer dem Jüngsten, der still und brav seine Hausaufgaben macht – ein Bild der Unschuld. Sie fragen sich dann, warum Sie sich eigentlich aufregen. Unterbrechungen gehören zum Leben, aber Sie geben Ihnen nicht gerade moralischen Auftrieb. In unserem Haus sind sie eine wahre Plage – ein Anruf während des Essens informiert mich, dass ich eine Reise für zwei Personen gewonnen habe (als Gegenleistung brauche ich nur eine Wohnung auf Timesharing-Basis zu kaufen), es läutet wieder und jemand will mir Doppelfenster verkaufen (unsere Fenster sind bereits doppelt verglast), dann ein Anruf: „Haben Sie mal fünf Minuten Zeit für eine Umfrage?" Dazu kommen die angenehmen Anrufe von Freunden, die mit uns oder den Kindern reden wollen – Unterbrechungen ohne Ende. Je mehr Kinder Sie haben, desto wahrscheinlicher ist es, dass Sie zumindest einen Teil Ihres Lebens zwischen Lärm und Unterbrechungen verbringen und nur wenige Augenblicke des Friedens genießen. Sie versuchen, alles zusammenzuhalten und wenigstens den Anschein von Ordnung aufrechtzuerhalten und fühlen sich am Ende wie Robin, der keine Spur von Batman sieht.

Sagen Sie Ihrer Familie ab und zu einmal, dass Sie sie schätzen und warum – vielleicht geben sie das Kompliment zurück!

Die demoralisierendsten Momente im Leben einer Mutter stehen ins Haus, wenn Sie sich ausgehebelt fühlen und Ihre besten Absichten ins Leere gehen. Ob es nun bewusst oder unabsichtlich geschehen ist oder von ständigen unerwarteten Unterbrechungen herrührt, Sie fühlen sich einfach mies. Wie ein Muster auf der Tapete, wenn es zu dick kommt. Versuchen Sie, über die Frustrationen des täglichen Lebens hinauszusehen. Behalten Sie den Überblick und bleiben Sie nüchtern und sachlich. Überlegen Sie, ob Sie der Sache auch eine komische Seite abgewinnen können – gehen Sie nicht so verbiestert durchs Leben. Es gibt Momente, in denen ich das Gefühl habe, ich müsse einmal wieder einen Schritt zurücktreten und mein Leben aus der Sicht eines Außenstehenden betrachten – es wirkt dann ziemlich komisch. Wenn wir uns nur manchmal so sehen könnten, wie andere uns sehen, würden wir manche Dinge vielleicht nicht so ernst nehmen.

Kinder werden schnell größer – führen Sie Ihr Leben also nicht in der Warteschleife. Wenn Ihr Sohn oder Ihre Tochter Ihnen noch vor den Füßen herumkrabbelt, denken Sie darüber nach, was Sie tun wollen, wenn aus sie dem Haus sind. Machen Sie Pläne für die Zeit, die jenseits der Erziehung von Kleinkindern liegt, und behalten Sie diese Pläne im Auge, wenn Sie sich ausgelaugt und müde fühlen. Die meisten Kinder wissen es zu schätzen, wenn ihre Mutter auch ihr eigenes Leben lebt, solange sie nicht jeden Abend aus dem Haus geht und die Kinder sie nie zu Gesicht kriegen.

Sagen Sie Ihren Kindern immer wieder, dass Sie sie schätzen. Seien Sie positiv und geben Sie den Kindern Rückendeckung. Je positiver Sie sich zu Ihren Kindern verhalten, desto positiver werden sie mit Ihnen umgehen. Wenn Sie sehen, dass Sie den ganzen Tag schlechte Laune haben und herumnörgeln, gibt ihnen das kaum einen Anreiz, Ihnen Wertschätzung entgegenzubringen. Bringen Sie Ihrem Kind bei, jedes Mitglied der Familie als eigenständige Person zu schätzen und zu respektieren, indem Sie selbst mit gutem Beispiel vorangehen.

Meine Freundin Pearl ist Großmutter. Jedes Jahr schickt sie zum Muttertag eine Karte an ihre beiden Töchter, weil sie selbst Mütter sind, Mütter ihrer Enkel. Auf diese Weise zeigt sie, dass sie ihre Töchter in ihrer Rolle als Mütter wertschätzt. Nehmen Sie sich also die Zeit, Ihren Kindern zu zeigen, dass sie wichtige Menschen in Ihrem Leben sind, auch wenn sie selbst schon Kinder haben.

Fluchtimpulse

Wie finde ich Zeit für mich selbst?

Das Mutter-Sein ist ein großer Gleichmacher. Egal, ob Sie Geld wie Heu haben oder arm sind wie eine Kirchenmaus, eines haben Sie nicht: freie Zeit. Leider können Sie auch nicht plötzlich beschließen, dass Sie die Nase voll haben und ein Wochenende ganz allein am Strand liegen möchten. Wo auch immer Sie hingehen, der Junior kommt mit – wenn auch nur in Gedanken. Doch jede Mutter braucht freie Zeit, selbst wenn es nur gelegentlich eine halbe Stunde ist. Vor langer Zeit wollte ich mir einmal eine Gesichtsmaske gönnen. Ich bin nicht gerade eine Expertin in Schönheitsbehandlungen, da ich nicht genug Zeit habe, alles auch richtig einwirken zu lassen. Jedenfalls stach mir beim Einkaufen eine besonders fruchtige Rezeptur ins Auge, also kaufte ich sie in der Hoffnung, dass ich mich dann eine Weile hinsetzen könnte, selbst wenn sie mich nicht um Jahre verjüngen würde.

Ich sagte den drei älteren Kindern, dass ich meinen Tee oben trinke und eine halbe Stunde lang in Ruhe gelassen werden wolle. Alle Kinder waren mit irgendetwas beschäftigt, also verschwand ich guten Gewissens. Ich schmierte mir das limonengrüne Zeug ins Gesicht, legte mich hin und wartete, dass die Maske hart wurde. Innerhalb von fünf Minuten zockelten die Kinder eines nach dem anderen die Treppe hoch und bombardierten mich mit zahlreichen Fragen und Klagen. Es ist sehr schwer, deutlich zu sprechen, wenn man eine Maske auf dem Gesicht hat, aber mir blieb keine Wahl, und obwohl sich um den Mund herum Risse bildeten, gelang es mir, einige Fragen zu beantworten, bevor ich die Kinder ungnädig anzischte: „Raus jetzt hier!" Es gab viel Gekicher und Gegacker, als sie alle an der Tür verweilten und einen letzten Blick auf mich warfen. Bis unser Jüngster heraufkam: Joseph war erst drei, und der Anblick seiner Mutter, die wie eine Cartoonfigur aussah, war mehr, als er ertragen konnte. Seine Unterlippe zitterte, als ich ihn tröstete und erklärte, dass es mir nicht so gut ging, deshalb hätte ich mich ins Bett gelegt. Er rannte heulend davon und suchte nach einem vertrauten Gesicht in Gestalt seiner großen Schwester Eleanor. Die Gesichtsmaske hätte ich mir sparen können, ich wusch sie schließlich lange vor der angegebenen Zeit wieder ab. Am Vormittag, wenn die Kinder in der Schule sind, oder am Abend, wenn sie alle im Bett liegen, ist die Zeit viel günstiger, etwas für das eigene Wohlbefinden zu tun, als um vier Uhr nachmittags. Das Gleiche gilt, wenn Sie sich die Haare färben: Wenn Sie Farbe auf Ihr Haar schmieren, während die Kinder um sie herum sind, stellen Sie auf jeden Fall den Küchenwecker ...

Versuchen Sie, Zeit für sich selbst einzuplanen – wenn Sie diese Zeit nicht genau einplanen, wird sie sich kaum von selbst einstellen.

Verstecken zwecklos ...

Als die Kinder kleiner waren, verschwand ich immer mal wieder im Bad, um fünf Minuten Ruhe zu haben. Ich genoss es sichtlich, von all dem Lärm und Getöse weg zu sein, wenn es auch nur für ein paar Minuten war. Wenn ich besonders raffiniert vorging, konnte ich ins Bad gehen, ohne dass jemand es bemerkte, und ich hatte mindestens fünf Minuten für mich, bevor sie alle nach mir suchten. Diese Möglichkeit des Rückzugs wurde eines Tages zunichte gemacht, als die Kinder herausfanden, dass sie den Trockenschrank aufmachen konnten, wenn sie ins hintere Schlafzimmer gingen, und mir durch den Belüftungsschacht, der das Schlafzimmer mit dem Bad verband, etwas zurufen konnten. Es war nicht sehr witzig, auf der Toilette zu sitzen, während mich vier Augenpaare durch den Belüftungsschacht anblinzelten. So tauschte ich dieses Versteck bei gutem Wetter gegen einen Winkel im Garten aus.

Wenn die Kinder größer werden, ändern sich auch die Zeiten, die Sie für sich selbst haben. Wenn Ihr Baby erst einmal zu einer vernünftigen Zeit schlafen geht, haben Sie am Abend wieder Zeit für sich selbst. Wenn Sie nicht berufstätig sind, haben Sie den Vormittag frei, wenn Ihr Kind in der Schule ist (Sie werden überrascht sein, wie schnell diese Stunden vergehen), aber dafür haben Sie den Abend nicht für sich. Es wird immer schwerer, sich zeitliche Freiräume zu schaffen, wenn Ihr Kind älter wird und länger aufbleibt. Sie müssen konstruktiv nach Möglichkeiten suchen, sich solche Zeiten zu schaffen, zum Beispiel:

- Bestehen Sie darauf, dass Ihr Kind sich zu einer vernünftigen Zeit am Abend in sein Zimmer zurückzieht, auch wenn es dort nicht gleich einschläft. So bekommt es besonders an Wochentagen genügend Schlaf, und Sie haben die Möglichkeit, sich zu entspannen.
- Engagieren Sie hin und wieder einen Babysitter, damit Sie abends ausgehen können, und überlegen Sie erst kurz bevor Sie aus dem Haus gehen, was Sie unternehmen wollen. Wenn Sie keine Kinder haben, ist es viel leichter, spontan etwas zu unternehmen. Es ist richtig erfrischend, einmal etwas aus einer momentanen Laune heraus zu tun, ohne an Windeln, Fläschchen und Kinderwagen denken zu müssen.
- Tun Sie sich mit anderen Eltern zusammen, wenn es um Fahrdienste zu Freizeit- und Wochenendaktivitäten geht. Wechseln Sie sich ab, die Kinder hinzubringen oder abzuholen. Es ist schon eine merkliche Erleichterung, wenn Sie nur einmal am Abend statt zweimal einen Fahrdienst übernehmen müssen.

Tausche Geschirrspüler gegen Oma

Laut Statistik ist bei der Altersgruppe der über Dreißigjährigen die höchste Zuwachsrate an Schwangerschaften zu verzeichnen. Immer mehr Frauen warten, bis sie älter sind, bevor sie Kinder bekommen, bis sie Karriere gemacht oder den richtigen Partner gefunden haben. Das heißt, dass auch Großeltern im Durchschnitt älter sind und vielleicht weniger den Anforderungen kleiner Kinder gewachsen. Zudem leben wir in einer Gesellschaft, die nicht mehr auf die Großfamilie ausgerichtet ist. Am Beginn des 20. Jahrhunderts war die Verantwortung für die Erziehung kleiner Kinder unter viele Personen verteilt, einschließlich der älteren Geschwister. Heutzutage gehen viele Familien auseinander oder ziehen weg, und es gibt weitgehend kein familiäres Netz mehr, das die junge Mutter unterstützen könnte. Mutter sein ist auch nicht mehr dasselbe wie noch vor dreißig oder vierzig Jahren. Zu der Zeit erwartete man von den Müttern kaum mehr, als dass sie Haus und Kinder sauber hielten und für einen schmackhaften Speisezettel sorgten. Das Leben spielte sich weitgehend zu Hause ab, und auch die Kinder verbrachten einen Großteil ihrer Freizeit dort. Erinnerungen an meine Großmutter, wie sie Erbsen palte und stundenlang mit einem stumpfen Messer Gänseblümchen aus dem Rasen stach, scheinen mir, verglichen mit meinem Lebensstil, geradezu idyllisch. Ich fühle mich oft wie das weiße Kaninchen aus *Alice im Wunderland*, das mit einer Uhr in der Hand herumläuft und sagt: „Jemine! Jemine! Ich komme bestimmt zu spät ..."

Die meisten von uns haben eine Waschmaschine und Mikrowelle, aber nicht alle haben Eltern, die kommen und das Baby spazieren fahren, um uns eine Pause zu verschaffen, wenn wir uns vor Erschöpfung kaum noch auf den Beinen halten können. Haushaltsgeräte erleichtern uns das Leben, aber sie können sich nicht um das Baby kümmern, falls sie es nicht in seinem Stuhl vor die Waschmaschine setzen wollen, damit es beobachten kann, wie die Buntwäsche in der Trommel kreist. Ich höre oft ältere Mütter sagen: „Zu mei-

Versuchen Sie, ein Netz von Familienmitgliedern und Freunden aufzubauen, die den Kindern vertraut sind – dann haben Sie öfter einmal Zeit für sich selbst.

ner Zeit hatten wir all diese Maschinen nicht. Wir mussten alles mit der Hand waschen, die Wäsche mangeln, sie zum Fluss tragen" etc. Aber sie mussten nicht so herumhetzen wie die heutigen Mütter: arbeiten, zu entfernteren Schulen fahren, mehr in den Tag hineinstopfen, als ihnen gut tut. Zweifellos werden wir glauben, unsere Töchter hätten es leicht, wenn sie einmal Kinder haben!

Heutzutage kann die Unterstützung ebenso von Freunden wie von der Familie kommen – Müttern mit Kindern in ähnlichem Alter, die im selben Boot sitzen wie Sie. Freunde sind oft lebensrettend.

- Sie können neue Freunde finden, wenn Sie sich einer Mutter-und-Kind-Gruppe anschließen. Die treffen sich oft in Gemeindehäusern, also gibt es bestimmt auch eine in Ihrer Nähe. Während Sie zusehen, wie Ihr Zweijähriger mit anderen Kindern in gleichem Alter spielt, haben Sie einmal eine Pause von der ständigen Forderung nach Aufmerksamkeit, und Sie haben Gelegenheit, sich mit Müttern in derselben Situation anzufreunden.
- Helfen Sie einander. Überlassen Sie sich gegenseitig für ein paar Stunden wöchentlich Ihre Kinder zur Betreuung. Das heißt zwar, dass Sie an einem Vormittag ein weiteres Kind zu betreuen haben, aber für die Aussicht, im Gegenzug Zeit für sich selbst zu gewinnen, kann man schon einmal zwei Kleinkinder beaufsichtigen.
- Wenn das Baby schläft, rennen Sie nicht wie ein verrücktes Huhn herum und machen Frühjahrsputz. Machen Sie das Beste daraus und gönnen Sie sich eine Pause – es ist erlaubt!

Doch verfallen Sie auch nicht ins andere Extrem und tun nun überhaupt nichts mehr, so verlockend der Satz auch klingt: „Es gab keinen Grund, Hausarbeit zu machen. Nach den ersten vier Jahren wird es nicht mehr schmutziger." Schließlich wollen Sie ein Umfeld schaffen, in dem Ihr Kind sich wohlfühlt!

Gemeinsam sind wir stark

Kürzlich las ich einen Artikel über die schnellste Methode, das Haus zu putzen. Sie basiert auf einer amerikanischen Idee, wobei man methodisch und schnell vorgeht und eine Dreizimmerwohnung in weniger als einer Stunde sauber kriegt. Wichtig ist offenbar, dass man die richtigen Geräte hat und alles gründlich und systematisch einmal erledigt und nicht immer wieder zu den gleichen Stellen zurückkehrt. Ich habe das Buch, auf das sich der Artikel bezog, nicht gelesen, aber ich weiß, dass wir das Haus in einem Bruchteil der Zeit sauber kriegen können, wenn ich meine Familie in diese scheußliche Arbeit einbeziehe.

Kennen Sie noch die Fernsehserie *Das Zauberkarussel?* Eine Episode heißt: „Saubermachen": Dougal der Hund beschließt, dass der Garten einmal gründlich aufgeräumt werden muss, und alle sollen ihm dabei helfen. Das ist ein frommer Wunsch bei solchen Gestalten wie dem Kaninchen Dylan, das sich wie ein drogensüchtiger Hippie benimmt. So gerät der Staubsauger außer Kontrolle und saugt Brian die Schlange ein, bevor er sich mit Dougal in die Lüfte erhebt. Die Kinder beim Hausputz helfen zu lassen scheint oft mehr zusätzliche Arbeit zu machen, als dass es nützt, aber die Ausdauer zahlt sich am Ende aus.

Lassen Sie alle beim Hausputz helfen!

Ermutigen Sie alle Familienmitglieder, ihren Beitrag zu leisten. Belohnungen wirken dabei Wunder: „Wenn ihr heute Vormittag bei der Hausarbeit helft, können wir am Nachmittag alle zusammen einen Ausflug machen." Kinder können sich auch zusätzlich Taschengeld für besondere Arbeiten verdienen. Ich habe einen sehr gründlich arbeitenden Staubwischer, der sich gern etwas Geld verdient für eine Tätigkeit, die ich am meisten verabscheue. Wenn die Kinder älter sind, sollten sie selbst ihr Zimmer saubermachen – und bitte widerstehen Sie der Versuchung, dauernd hinter ihnen herzuputzen. Nicht nur Sie haben einen Nutzen davon, wenn die ganze Familie bei der Hausarbeit hilft, sondern die Kinder bekommen auch eine realistischere Vorstellung davon, was es heißt, ein Haus in Ordnung zu halten. Es ist nicht so einfach, wie sie glauben, und eines Tages überlegen sie es sich womöglich gut, bevor sie mit schmutzigen Fußballschuhen durchs Haus trampeln – zumindest können Sie davon träumen!

Sie sucht immer noch nach ihren Haarspangen...

Ich habe eine ordentliche und eine unordentliche Tochter, und meistens lasse ich sie ihr Zimmer selbst aufräumen. Ich bin jedoch nicht vollkommen herzlos und kenne Gesundheitsregeln und Sicherheitsbestimmungen, also gehe ich ab und zu mit einem großen Müllsack durch ein Zimmer, das aussieht, als hätte soeben eine Bombe eingeschlagen. Das kommt unserer Beziehung ebenso zugute wie der Hygiene im Haus. Ich liege ihr nicht dauernd in den Ohren, und wir haben beide ein gutes Gefühl, wenn ihr Zimmer aufgeräumt ist. Sie freut sich, wenn sie die Hausaufgaben findet, die sie schon vermisst hat, ihre Lieblingskette und acht Euro Münzgeld, und ich freue mich, dass ich ihre Zimmertür nicht den ganzen Tag geschlossen halten muss.

Vergeuden Sie nicht Ihre Zeit, um das Unmögliche zu erreichen, und erwarten Sie nicht, dass Ihre Kinder perfekt sind. Dann sind sie eben unordentlich. Bringen Sie ihnen allgemeine Verhaltensregeln bei und lassen Sie sie im Haushalt mithelfen. Loben Sie sie, wenn sie einmal aufgeräumt *haben*. Samuel Rogers, ein Dichter aus dem neunzehnten Jahrhundert, sagte: „Ein unerwartetes Vergnügen ist dreifach willkommen." Es ist eine wunderbare Überraschung, wenn man nach Hause kommt und inzwischen ein ganzer Berg Geschirr von jemand anderem weggespült wurde. Und wenn Sie Ihre Freude darüber zum Ausdruck bringen, passiert so etwas vielleicht wieder einmal. Setzen Sie sich realistische Ziele:

Bemühen Sie sich um größtmögliche Wirkung bei geringstem Einsatz, wenn es um die Hausarbeit geht. Überlegen Sie, was Sie vernünftigerweise in einem Zug erledigen können, und machen Sie den Rest ein anderes Mal.

- Verteilen Sie die Hausarbeit möglichst auf alle, aber bleiben Sie realistisch in Ihren Erwartungen. Erliegen Sie nicht der Versuchung, den morgigen Abwasch heute zu erledigen!
- Wenn Sie kleinere Kinder haben, versuchen Sie, für einen Vormittag eine Kinderbetreuung zu organisieren, damit Sie etwas für sich selbst tun können.
- Fühlen Sie sich nicht schuldig, wenn eine Freundin Ihnen Ihr Kind für ein paar Stunden abnimmt, und Sie in der Zwi-

schenzeit nichts anderes tun als sich hinzusetzen und eine Zeitschrift zu lesen. Meine Freundin Joyce hat sieben Kinder, und wenn ihre Mutter sich um das Jüngste kümmerte, legte Joyce ihre Füße hoch und las ein Buch (sehr zum Erstaunen ihrer Mutter!). Das tat ihr besser, als mit Besen und Staubtuch durchs Haus zu rennen.

Ein wenig Zeit reicht eine ganze Weile

„Der Mensch ist mehr als die Summe seiner Teile", sagt die Gestaltpsychologie. Es gibt Zeiten, in denen dieser Satz genau das zum Ausdruck bringt, was ich empfinde. Viele Arbeiten, die Mütter tun, sind schlicht und einfach und wiederholen sich immer wieder: Kleider vom Boden aufheben, bügeln, organisieren, wer was an welchem Tag in die Schule mitnimmt, Pausenbrote richten. Sie spüren, dass Sie mehr sind als die Summe aller Rollen, die Sie spielen: Partnerin, Mutter, Tochter, Schwester, Freundin, Nachbarin. Sie spüren, dass tief in Ihrem Innern eine andere Person steckt, die versucht, durch all diese Schichten hindurch sich Gehör zu verschaffen. Die einzige Möglichkeit, diese Person aus ihrem Versteck zu locken, besteht darin, dass Sie sich Zeit nehmen, Dinge zu tun, die Sie gerne tun möchten. Das Problem ist, dass Ihnen das gegen den Strich geht, wenn Sie Mutter sind. Viele Mütter glauben, es sei selbstsüchtig, etwas für sich zu tun.

Ich begann zu schreiben, als unser jüngstes Kind achtzehn Monate war und unser ältestes sieben Jahre. Das war auch die Zeit, als ein Strom von ausländischen Austauschschülern durch unser Haus zog. Das Leben war chaotisch und ging wie im Nebel vorüber, sodass ich bald nicht mehr wusste, ob es nun Zeit war für ein „Guten Morgen" oder ein „Bonne Nuit". Oberflächlich betrachtet war es eine absolut unpassende Zeit, um etwas Neues zu beginnen, aber ich fühlte mich völlig überfordert mit den kleinen Kindern und französischen und deutschen Teenagern. Eines Abends, als es im Haus relativ ruhig war, sagte ich zu Mike, dass ich völlig durcheinander sei und einmal etwas ganz anderes tun

Geben Sie nicht alle Ihre Interessen oder Hobbies auf. Gönnen Sie sich Zeit und Raum, selbst als Person zu wachsen.

wolle. Ein Monat in Barbados wäre auch eine gute Idee gewesen, doch stattdessen gingen wir eine Liste von all den Dingen durch, die ich gern getan hätte (wie Pilotin werden oder den Mount Everest besteigen). Nachdem wir die Mehrzahl meiner Ideen durchgestrichen hatten, blieb eine sehr kurze Liste übrig. Sie enthielt noch genau eine Idee – Schreiben. Ich wollte schreiben, und außerdem war das auch eine Tätigkeit, die selbst unter den Beschränkungen des Familienlebens möglich war.

Mit der Aussicht auf eine interessante Tätigkeit fühlte ich mich gleich sehr viel besser. Da war etwas, das ich entwickeln und verbessern konnte und mit dessen Hilfe ich hoffentlich auch mich selbst entwickeln würde. Ich muss gestehen, dass ich zu diesem Zeitpunkt noch keine Ahnung hatte, *was* ich eigentlich schreiben wollte, aber das war gar nicht so entscheidend. Wichtig war einzig und allein, dass ich eine Vision für ein Leben jenseits von Kindern und Vesperbroten hatte. Da ich ein energischer Mensch bin, setzte ich mir Ziele, realistische Ziele, die ich zu erreichen hoffte, sodass ich ermessen konnte, ob aus meiner Schreiberei schließlich mehr werden könnte als eine willkommene Ablenkung vom Alltag, oder ob sie nur die Karotte am Stock war, die mir half, eine schwierige Zeit zu überstehen. Obwohl ich so beschäftigt war, fand ich immer wieder Zeit – fünfzehn Minuten hier, eine halbe Stunde dort –, in der ich mich in aller Ruhe hinsetzen und etwas zu Papier bringen konnte.

Überlegen Sie, was Sie interessiert, und dann tun Sie es!

Wir alle nehmen uns Zeit für die Dinge, die wir wirklich tun wollen. Es ist erstaunlich, wie viel in einen Tag hineingequetscht werden kann. Das Sprichwort ist tatsächlich wahr: Wenn du willst, dass etwas erledigt wird, gib den Job jemandem, der bereits sehr beschäftigt ist. Solche Menschen scheinen immer noch etwas mehr in ihr Leben hineinpacken zu können als andere. Die Aufgaben, die in der verfügbaren Zeit zu erledigen sind, werden immer mehr. Natürlich sollten Sie den Bogen nicht überspannen, aber Sie werden überrascht sein, wie viel Sie in fünfzehn Minuten schaffen. Überlegen Sie also, was Sie interessiert und tun Sie es – ob es nun Sporttauchen, Fallschirmspringen, Gärtnern oder das Bemalen von Ostereiern ist. Halten Sie sich im Lauf des Tages Zeit frei für Ihr Hobby. Geben Sie sich Raum, ihre eigenen

Gaben und Fähigkeiten zu entwickeln und nicht nur in Ihrer Aufgabe als Mutter aufzugehen. Wenn Sie Interessen entwickeln, die nicht nur auf die Kinder ausgerichtet sind, werden Sie ein interessanterer, erfüllter Mensch werden. Mutter zu sein ist eine sehr lohnende und erfüllende Erfahrung, aber Sie können nicht erwarten, dass Sie alles, was Sie seelisch und geistig brauchen, von Ihrer Familie bekommen. Freunde und Interessen außerhalb der Familie bereichern Ihr Leben, und je weniger frustriert Sie sind, desto besser werden Sie auch Ihrer Aufgabe als Mutter gerecht.

Familie, ade!

Meine Cousine Annette feierte ihren Geburtstag, während sie mit ihrer Familie in Urlaub war. Er fiel in die Zeit, als eines ihrer Kinder gerade lernen sollte, selbst auf die Toilette zu gehen. Trotz Pumphosen, die das „Problem“ manchmal auffingen, befanden sie und ihr Sohn sich oft in peinlichen Situationen. An Annettes Geburtstag bot ihr Mann an, sich dieses Problems anzunehmen, damit seine Frau einmal Zeit für sich hatte. Das mag ziemlich unbedeutend klingen, aber solche freundlichen Angebote verschaffen Ihnen eine Pause von der täglichen Routine, in der sie gefangen sind. Sie spüren dann, dass es auch noch ein Leben jenseits von kleinen unerwarteten Häufchen auf der Treppe gibt.

Schaffen Sie Gelegenheiten, einmal für eine längere Zeit aus dem täglichen Einerlei auszusteigen. Das lohnt sich, auch wenn es etwas organisatorischen Aufwand im Vorfeld erfordert. Kürzlich war ich in der glücklichen Lage, eine Woche ganz allein in den mittleren Osten zu fahren, um eine Freundin zu besuchen. Aber zuvor brauchte ich eine Woche, um den Haushalt auf Vordermann zu bringen. Ich klebte eine Liste an den Küchenschrank, auf die ich alle Dinge schrieb, an die Mike denken musste – am Montag den Turnbeutel mitgeben, am Donnerstag die Jungen zum Schwimmen fahren usw. Die Liste füllte eine ganze Din-A4-Seite und endete mit dem Satz: „Seid nett zueinander.“ Eines der Kinder mein-

Vielleicht können Sie nicht eine Woche lang verreisen – aber auch ein freier Nachmittag hilft Ihnen, Abstand vom täglichen Einerlei zu bekommen.

te kurz vor meiner Abreise, ich sei das Öl, das die Maschine am Laufen hielt, und dass sie befürchte, es werde alles zum Stillstand kommen, wenn ich nicht da sei. Aber keiner ist unentbehrlich, und Mike schaffte alles wunderbar ohne mich. Es gab keine größeren Katastrophen – sie sahen alle einigermaßen sauber aus, als ich zurückkam, und versicherten mir, sie hätten nicht nur von Pommes und Fertignahrung gelebt. Nicht jeder kann eine Woche lang wegfahren, aber selbst ein freier Tag oder Nachmittag ist schon eine tolle Sache.

Zufluchtsort gesucht

Wir alle brauchen Freiraum. Wie viel, hängt davon ab, wer versucht, uns nahe zu kommen. Meine Freundin sagt, sie könne das Alter der Kinder an den Flecken auf der Kleidung ihrer Mutter ablesen: Da sind Spuckeflecken auf meinem Rücken von meinem Säugling, die klebrigen Fleckenspuren meines Krabbelkindes an den Hosenbeinen und die Schmutzfinger meiner Ältesten auf meinem Ärmel. Mitglieder unserer engsten Familie lassen wir in unsere unmittelbare Nähe, das heißt, wir lassen sie bis zu einem halben Meter an uns heran, ohne in kalten Schweiß auszubrechen. Kinder, besonders kleine, empfinden die unmittelbare Nähe der Mutter als sehr tröstlich, aber es kann schon entnervend sein, wenn einem dauernd jemand am Rockzipfel hängt.

Versuchen Sie, sich einen eigenen Raum zu schaffen, und sei er noch so klein, einen Ort, an den Sie fliehen können und an dem Sie niemand ohne Weiteres stören darf.

Versuchen Sie ganz praktisch, sich zu Hause Freiraum zu schaffen. Legen Sie einen bestimmten Platz fest, der ganz Ihnen gehört, und an dem keiner Sie stören sollte, außer in dringenden Notfällen. Das kann ein Schlafzimmer sein, ein bestimmter Sessel, oder wenn bei Ihnen wirklich Raumnot herrscht, setzen Sie sich mitten auf die Treppe. Eine Mutter aus dem achtzehnten Jahrhundert ist mir da ein Vorbild. Diese Frau, Susanna, zog zwölf Kinder groß und fand dennoch eine Möglichkeit, Zeit für sich zu haben trotz all der Anforderungen einer Großfamilie. Sie verbrachte viel Zeit in der Küche, und wenn Sie Freiraum brauchte, warf sie sich die Schürze über den Kopf. Das war für ihre Kinder ein Zeichen, sie in Ruhe zu lassen und eine Weile nicht zu belästigen. Es hat offenbar geklappt. Also: Es mag zwar schwierig sein, aber es gibt immer eine Möglichkeit!

Wenn ein Kind Sie bei einer Hausarbeit unterbricht, zahlt es sich aus, wenn Sie innehalten und dem Kind Ihre Aufmerksamkeit schenken. Wenn Sie dem Kind ein paar Minuten intensiv zuhören und auf sein Anliegen eingehen, wird ihm das nicht nur bestätigen, dass Sie es lieb haben und schätzen. In aller Regel wird eine schnelle Beachtung dazu führen, dass Ihr Kind danach nicht mehr unbedingt Ihre Aufmerksamkeit braucht, und Sie können ungestörter weiterarbeiten, als wenn Sie die Quengelei des Kindes zu überhören versuchen, und haben dann auch wieder ein paar Minuten für sich selbst.

Der Urlaub ist oft eine gute Gelegenheit, sich wieder einmal etwas von den Kindern freizumachen; er bietet die Möglichkeit, sich mehr als zwei Zentimeter von eifrigen kleinen Händen zu entfernen. Einmal verbrachten wir den Urlaub im New Forest. Es war eine ereignisreiche Zeit, nicht wegen plötzlich notwendiger Fahrten ins Krankenhaus und platten Reifen, sondern wegen des drastischen Raummangels. Wir hatten ein „Chalet" inmitten riesiger Ländereien gebucht, das sich als kaum größer als ein Schuppen herausstellte – einer von tausend – und nicht viel größer war als unserer zu Hause. Wir sechs waren in drei winzige Zimmer zusammengepfercht und konnten uns kaum rühren. Die Mädchen schliefen in engen Kojen, und ins Bad konnte man nur seitwärts hineinkommen. Ich freue mich immer auf die Ferien und die Möglichkeit, mehr Freiraum zu haben als sonst; daher war diese Situation für mich alles andere als erholsam. Die Kinder waren alle zu klein, als dass sie allein rausgehen konnten, und wir hatten noch nicht mal einen Garten. Ständig stolperten wir übereinander, und wir konnten keinen Augenblick lang irgendwo allein sein. Wir alle brauchten diesen Raum für uns selbst, nicht nur ich, und am Ende des ersten Tages waren wir alle nervös und reizbar. Ich konnte es nicht fassen, dass wir nicht gerade wenig Geld für diesen „Urlaub" bezahlt hatten und nun wie Sardinen in der Büchse zusammengequetscht waren.

Schließlich konnten wir die Situation nicht mehr ertragen und fuhren frühzeitig nach Hause. Dort hatten wir wenigsten Platz zum Atmen und die Haushaltsgeräte, die das Leben mit vier Kindern ein wenig erleichtern.

Bringen Sie Ihrem Sohn oder Ihrer Tochter bei, Ihr Bedürfnis nach Zeit für sich selbst zu respektieren, so wie auch Sie den Kindern Freiraum und Privatsphäre einräumen. Gehen Sie selbst mit gutem Beispiel voran – wenn Sie an die Zimmertür eines Teenagers klopfen, bevor Sie eintreten, wird auch Ihre Tochter nicht alle fünf Minuten in Ihr Zimmer hineinplatzen. Mutter sein heißt nicht, dass Ihr ganzes Leben in Beschlag genommen werden muss – Sie sollten auch Zeit ganz für sich selbst haben und nicht nur der verlängerte Arm Ihrer Kinder sein.

Ruf an, wenn du angekommen bist!

Wie helfe ich meinem Kind, erwachsen zu werden?

Wir hatten im Lauf der Jahre in und um unser Haus herum immer wieder einmal ein Wespennest. Das weitaus schlimmste, wenn auch nicht das größte, war das unter dem Esszimmerboden. Damals wusste ich nicht, dass eine Zeitbombe unter dem Holzboden tickte. Ich bemerkte jedoch gewisse Aktivitäten dieser Insekten an der Terrassentür. Ich beobachtete das Ganze eine Weile und sah, wie ein oder zwei Wespen sich durch einen winzigen Spalt zwischen dem Türrahmen und den Ziegeln zwängten, bevor sie verschwanden. Sie kamen sicher nicht ins Haus, und da direkt unterhalb der Türen eine Treppe war, nahm ich törichterweise an, dass die Wespen versuchten, ein Nest unter den Stufen zu bauen.

Wenig zu wissen ist gefährlich, aber gar nichts zu wissen, kann absolut verhängnisvoll sein. Ohne mich beraten zu lassen, hielt ich es für das Beste, den Riss zu reparieren und die Wespen daran zu hindern, hinter die Stufen zu gelangen. Und so begann der

Kampf. Zuerst besorgte ich Spachtelmasse, aber die Wespen quetschten sich hindurch, bevor sie fest geworden war. Dann versuchte ich es mit schnellhärtender Masse, doch die Tiere nagten ein Loch hinein, sobald sie hart war (sehr interessant zu beobachten). Als nächstes kam Flüssigkleber – was ebenso wenig bewirkte. Dann versuchte ich, spielerisch zu denken, legte einen Gartenschlauch an den Schlitz und drehte den Wasserhahn voll auf. Ich ertrank beinahe, und die Wespen summten fröhlich weiter, außer, dass jetzt statt zwei oder drei ungefähr ein Dutzend herumschwirrten. Unerschütterlich und fasziniert von diesen Kreaturen und ihrer Beharrlichkeit versuchte ich das Loch mit Sand aufzufüllen. Die Wespen gruben sich daraufhin einen Gang in den Sand und schlüpften hinein. Am nächsten Morgen war es eiskalt, als ich herunterkam. Mike war zur Arbeit gegangen und hatte das Licht in der Küche angelassen, und ich sah, dass das Küchenfenster außen schwarz war vor Wespen. Ein alarmierender Anblick, gelinde gesagt. Ich musste meine Niederlage eingestehen und einen Fachmann holen.

Dieser erschien, warf einen Blick auf meine Abschreckungsmaßnahmen und fragte, ob er sich mal den Boden im Esszimmer ansehen könne. Das Wespennest war nicht, wie ich angenommen hatte, hinter der Treppe, sondern unter den Dielen, und die Wespen suchten nicht etwa nach einem Platz für ihr Nest, sondern hatten bereits eines unter dem Esstisch gebaut. Der Mann meinte, ich habe großes Glück gehabt, da Wespen immer einen Weg in und aus ihrem Nest finden und notfalls auch Holzdielen durchbeißen. Es war also gut, dass meine Versuche, die Wespenplage einzudämmen, so schwach waren, sonst hätten die Wespen sich einen Fluchtweg ins Haus geschaffen oder, schlimmer noch, einer von uns wäre eines Tages durch die brüchigen Dielen mitten in ein Nest von aufgeregten und stechwütigen Wespen getreten.

Die Kunst der Mütter: Loslassen ...

Ganz gleich, was Sie tun, um Ihre Kinder im Schoß der Familie zu bewahren, irgendwann kommt die Zeit, in der sie sich von Ihrem Schürzenzipfel abkoppeln. Sie haben nur die Wahl, die

Kinder in ihre Freiheit hineinwachsen lassen, oder sie zu zwingen, sich ihre Freiheit zu erkämpfen (in diesem Fall ziehen Sie sich am besten heute schon warm an).

Kinder loszulassen geschieht nicht von heute auf morgen. Sie wachen nicht eines Morgens auf und entdecken, dass die Betten der Kinder leer sind, sie sich in Luft aufgelöst und nur die Reißnägel an den Wänden zurückgelassen haben, wo früher die Poster ihrer Lieblingsband hingen. Die Befreiung vom mütterlichen Schürzenzipfel ist ein Prozess, der beginnt, wenn die Kinder noch klein sind. Von dem Augenblick, in dem ihr Sprössling allein krabbeln kann, macht er sich auf den Weg in die Unabhängigkeit, und es ist Ihre Aufgabe, ihm oder ihr beizubringen, wie man mit dieser Unabhängigkeit richtig umgeht. Das Beste, was Sie tun können, um diese Loslösung möglichst schmerzfrei zu gestalten (für sich und für Ihr Kind ist), dass Sie es für die Zukunft vorbereiten.

Dass Kinder ihr Elternhaus verlassen ist ein Grundgesetz des Lebens. Machen Sie es sich zur Aufgabe, Ihren Kindern diesen Übergang zu erleichtern und sie darauf vorzubereiten.

Je besser der Jugendliche auf seine Unabhängigkeit vorbereitet ist, desto leichter wird der Schritt auch für Sie sein. Halten Sie sich vor Augen:

- Kinder müssen lernen, ihre eigenen Entscheidungen zu treffen, statt sich immer auf jemand anderen verlassen zu müssen. Solange sie noch klein sind, ermutigen Sie sie, Entscheidungen unter Ihrer Anleitung zu fällen. So helfen Sie den Kindern,

Selbstvertrauen und Selbstachtung zu gewinnen. Ihr Kind mag noch so intelligent und gut ausgebildet sein – wenn es nicht selbstsicher mit anderen Menschen in Kontakt treten kann, weil es ihm an den nötigen sozialen Fähigkeiten mangelt, wird es sich in der Welt der Erwachsenen viel schwerer zurechtfinden.

- Lehren Sie Ihr Kind, seine Entscheidungen aufgrund von Informationen zu fällen und nicht „aus dem Bauch heraus" oder aus einer unbestimmten Laune. Helfen Sie ihm, Probleme selbst zu durchdenken und auch langfristige Konsequenzen in den Blick zu nehmen, statt sich für das Bequemste und Angenehmste zu entscheiden. Sobald Ihr Sohn oder Ihre Tochter alt genug sind, dass sie für sich selbst sprechen können, erziehen Sie sich selbst dazu, nicht an ihrer Stelle zu antworten – selbst wenn Sie mit den Aussagen der Kinder nicht einverstanden sind.
- Geben Sie Ihren Kindern Anleitung, aber seien Sie dabei behutsam und aufmerksam, damit Ihr Kind sich nicht „dumm" vorkommen muss. Richten Sie Ihre Bemühungen darauf, dass Ihre Kinder ein positives und realistisches Selbstbild aufbauen können. Helfen Sie Ihnen, ihre eigenen Fähigkeiten zu entdecken und zu schätzen, aber auch ihre Grenzen zu akzeptieren.
- Helfen Sie Ihrem Kind, sein eigenes Wertesystem zu finden. Sie können nicht darauf bestehen, dass Ihr Nachwuchs eine bestimmte Meinung hat oder sich auf eine bestimmte Art verhält, aber Sie können die Kinder zum Guten beeinflussen. Kinder ändern normalerweise immer wieder mal ihre Vorlieben, Abneigungen und Ansichten. Erzählen Sie also nicht allen Freunden Ihres Sohnes, dass sein Lieblingsessen Gummibärchen sind. Er ist nämlich dreizehn und isst am liebsten Hamburger und Pommes!
- Vermitteln Sie Ihrem Kind, dass die richtige Entscheidung nicht immer die einfachste ist. Der Weg des geringsten Widerstandes ist nicht immer der Beste. Das Leben ist schwer und nicht immer fair, und Sie tun Ihrem Kind keinen Gefallen, wenn Sie ihm das Gegenteil erzählen.

Machen Sie sich nicht zu viele Sorgen, Ihr Kind könne Fehler machen – manchmal muss es etwas falsch machen, um daraus zu lernen.

Von einem, der auszog ...

Diesen letzten Punkt bekam unsere Tochter Amy etwas unsanft zu spüren, als sie an einem Schülerautausch mit Frankreich teilnahm. Das verlockende Bonbon an der Sache war ein Besuch in Euro Disney am letzten Tag, und das gab den Ausschlag, dass Amy, sehr von ihren Geschwistern beneidet, sich zu der Fahrt anmeldete. Wir ließen sie teilnehmen, obwohl wir Bedenken hatten. Der Austausch war dann auch nicht ganz das, was Amy sich erhofft hatte. Obwohl sie die Tage mit ihren Schulfreunden sichtlich genoss, fiel es ihr ziemlich schwer, in einer fremden Familie zu leben, und sie hatte großes Heimweh. Zwei Tage vor der Rückreise hatte sie bereits ihre Koffer gepackt. Was wohl Monsieur und Madame gedacht haben? Amy hat durch diese Erfahrung jedoch viel gelernt – weit mehr, als wenn wir darauf bestanden hätten, dass sie zu Hause bleibt, weil es ihr womöglich gar nicht gefallen würde. Sie hat gelernt, in einer Situation klarzukommen, mit der sie nicht glücklich war, und lernte etwas darüber, was es heißt, unabhängig zu sein. Als sie zu Hause ankam, bot sie einen erschöpften und jämmerlichen Anblick. Ich bin sicher, dass sie nicht gefahren wäre, wenn sie das alles vorher gewusst hätte; aber es war eine Erfahrung, an der sie ein wenig reifer und erwachsener geworden ist. Ihre Werte hatten sich mit Sicherheit geändert – eine Fahrt nach Euro Disney ist nicht mehr das Nonplusultra. Gern hätte sie auf diesen Ausflug verzichtet und wäre stattdessen mit dem nächsten Bus nach Hause gefahren.

In der Regel ist das älteste oder einzige Kind in diesem Ablösungsprozess der Wegbereiter, der Pionier oder das Versuchskaninchen, je nachdem, wie man die Sache sieht. Das Kind und die Eltern müssen sich einen Weg durch den Irrgarten bahnen, der vor ihnen liegt. Wenn dann ein weiteres Kind kommt, sind die Mütter schon lockerer und wissen besser mit der Situation umzugehen, auch wenn sie immer wieder vor Rätseln stehen, was das Verhalten ihres Nachwuchses betrifft. Wenn Sie bei einem Kind die Zügel schon etwas gelockert haben, werden sie bei den nachfolgenden Kindern oft gar nicht mehr so fest angezogen.

Keine Abziehbilder

Wenn Sie Ihrem Kind Selbstvertrauen vermitteln wollen, ist es vor allem wichtig, dass Sie ihm vertrauen. Je mehr Vertrauen Sie dem Kind entgegenbringen, desto mehr wird es an sich selbst und seine Fähigkeiten glauben. So wie Sie Ihrem Sohn oder Ihrer Tochter Gelegenheit geben, eigene Entscheidungen zu treffen, geben Sie ihnen auch Gelegenheit, Ihr Vertrauen zu verdienen. Es ist eine traurige Wahrheit, dass manche Eltern ihren Kindern nie vertrauen, egal, was diese tun. Vertrauen heißt, dass Sie Ihrem Kind erlauben, sich innerhalb bestimmter Grenzen frei zu bewegen. Wenn Teenager zum Beispiel anfangen, allein auszugehen, nennen Sie eine Zeit, bis zu der sie wieder zu Hause sein müssen. Nicht nur, damit Sie wissen, dass die Jugendlichen sicher heimkommen, sondern damit sie auf diese Weise auch zeigen können, dass sie mit Ihrem Vertrauen verantwortungsvoll umgehen. Verkünden Sie nicht vor den Freunden der Kinder, dass es Dinge gibt, die Sie Ihrem Sohn oder Ihrer Tochter nie erlauben würden. Legen Sie schwierige oder unklare Situationen zugunsten der Kinder aus, bis Sie wirklich Grund haben, ihnen zu misstrauen.

Wenn Sie Ihrem Kind sagen, dass Sie ihm vertrauen, sind das nur leere Worte, wenn Sie nicht Taten folgen lassen. Beginnen Sie bei kleinen Dingen. Eine Mutter ließ ihre 14jährige Tochter kein Make-up tragen, weil sie dachte, die Tochter würde sich schrill und kunterbunt anmalen. Die Tochter wollte jedoch lediglich Wimperntusche und Lipgloss benutzen und hatte gar nicht vor, sich wer weiß wie aufzumotzen. Sie wollte nur, dass ihre Mutter ihr erlaubte, was ihre Freundinnen auch durften. In Wirklichkeit hatte die Mutter ihr vermittelt: „Ich vertraue dir nicht." Gehen Sie nicht davon aus, dass Ihr Sohn oder Ihre Tochter das tun, was Sie in der gleichen Situation tun würden!

Wenn Sie Ihrem Kind Selbstvertrauen vermitteln wollen, müssen Sie ihm vertrauen. Und ihm Gelegenheit geben, dieses Vertrauen zu rechtfertigen.

Wichtig ist, dass Sie Ihr Kind nicht in eine Form pressen, um Ihren eigenen Bedürfnissen und Erwartungen gerecht zu werden. Kinder brauchen zwar Grenzen, aber auch Freiraum, um zu wachsen – und sie wachsen manchmal in eine andere Richtung, als Sie es sich wünschen!

Anders ausgedrückt: Wenn Ihr Kind ein Salat sein will, stecken Sie es nicht in eine Vase und tun so, als sei es eine Nelke – das wird Sie nicht überzeugen, und das Kind wird unglücklich sein! Kinder sind nicht dazu da, alle die Dinge zu erreichen, die Sie nicht erreicht haben. Sie sind nicht einfach Erweiterungen ihrer Eltern – sie sind eigenständige Persönlichkeiten. Bestehen Sie nicht darauf, dass die Tochter Geigenstunden nimmt, weil Sie selbst so gern Geige gespielt hätten. Sie werden das bereuen, wenn das Kind nicht wirklich selbst Geige spielen will und Sie sich bei Auftritten die lustlosen Vorträge anspruchsloser Liedchen anhören müssen. Melden Sie Ihren Sohn auch nicht beim Fußballverein an, weil Sie in Ihrer Jugend ein Fußballstar waren und immer noch die Pokale herumstehen haben. Es ist wichtig, Ihre Kinder zu ermutigen, ihren eigenen Weg im Leben zu finden. Wenn Sie sich an sie klammern, ist das eine Last, auf die die Kinder gut und gern verzichten können. Als Mutter ist es Ihre Aufgabe, ihnen die Hand zu reichen, um sie behutsam zu führen, nicht, um sie zurückzuziehen, wenn das Kind eine etwas andere Richtung einschlägt. Jedes Kind ist wieder anders und muss auch manchmal unterschiedlich behandelt werden. Aber wie sie auch geartet sind, Ihr Ziel muss es sein, jedes Kind dahin zu führen, dass es ein reifer, unabhängiger Erwachsener wird.

Helfen Sie Ihren Kindern, sich so zu entwickeln, dass sie sie selbst werden – und nicht eine Kopie ihrer Mutter oder ein Modell der Wunschvorstellungen ihrer Eltern.

Drei unserer Kinder haben vernünftige Vorstellungen, wenn es um ihre zukünftigen Berufswünsche geht. Die Ausbildung, die sie anstreben, passt gut zu ihrem jeweiligen Wesen. Aber der Jüngste hat noch recht ungewöhnliche Ideen. Er hat zwei Ziele im Leben: Erstens möchte er Eisverkäufer werden. Das erscheint ein toller Beruf, wenn man sechs Jahre ist und mit einer Mutter leben muss, die das Radio auf volle Lautstärke dreht und aus vollem Hals zu singen beginnt, wenn das Geklingel des Eiswagens an ihr Ohr dringt. Sein zweiter Wunsch ist es, eine Warze wie seine Geschwister zu bekommen (hervorgerufen nach einer schwierigen Phase von Fußproblemen in unserer Familie).

Kampf mit dem Sorgen-Monster

Mütter sorgen sich um ihre Kinder, weil sie kostbar sind. Das habe ich besonders stark gespürt, als Joseph drei Jahre alt war. Er hatte eine Mandelentzündung, und ich ging mit ihm zum Arzt, um ihm Antibiotika verschreiben zu lassen. Als wir nach Hause kamen, legte ich das Kind aufs Sofa. Mike war noch nicht von der Arbeit zurück, und ich war mit einer Freundin in einem anderen Zimmer. Plötzlich stürzten Amy und Eleanor völlig aufgelöst herein und sagten, dass mit Joseph irgendetwas nicht stimme. Ich rannte ins Wohnzimmer und sah, dass er merkwürdig verdreht dalag und zitterte. Mir war jedoch nicht bewusst, dass er einen Krampf hatte.

Wir riefen die Ambulanz an, und irgendwie war ich geistesgegenwärtig genug, seine Kleidung zu entfernen und ihn zu kühlen. Der Krankenwagen schien eine Ewigkeit zu brauchen, und mir blieb nur, den Jungen kühl abzureiben und zu beten, dass er das überstand. Schließlich kamen wir im Krankenhaus an und nach einem albtraumartigen Abend wurde er schließlich in die Kinderabteilung eingewiesen. Ich saß die ganze Nacht an seinem Bett, versuchte ihn zu kühlen und beobachtete ihn genau, damit mir nicht jedes noch so winzige Anzeichen entging, das einen neuen Anfall ankündigen mochte. Joseph wurde schnell wieder gesund – ich allerdings brauchte viel länger, um mich zu erholen. Selbst heute, nach mehreren Jahren, gerate ich schier in Panik, wenn Josephs Temperatur nur ein wenig steigt. Überhaupt wird mir angst und bange, wenn jemand aus meinem Bekanntenkreis ein wenig überhitzt aussieht.

Es ist oft schwer, unseren Kindern immer mehr Unabhängigkeit zu gewähren. Sie wissen wohl, dass Ihr Kind nun etwas mehr Verantwortung tragen kann, aber wann lassen Sie Ihren Sohn oder Ihre Tochter allein von der Schule nach Hause gehen? Wie lange dürfen sie abends wegbleiben? Wann geben Sie ihnen die Autoschlüssel? Wenn überhaupt? Schauen Sie, welche Freiheiten andere Kinder in dem Alter haben und vertrauen Sie dann Ihrem Urteilsvermögen. Es gibt keine Patentantworten, verlassen Sie sich hier auf Ihren gesunden Menschenverstand.

Die meisten Entscheidungen, die Mütter treffen, um ihre Kinder zur Unabhängigkeit zu ermutigen, sind von dem Monster „Sorge" bedroht. Katie hatte in ihrem letzten Grundschuljahr die Möglichkeit, an einer Fahrradprüfung teilzunehmen. Katie war noch recht unsicher auf dem Rad, und ihre Mutter musste das Rad eine Woche lang jeden Tag zur Schule bringen. Es passte jedoch nicht ins Auto, und so gab es nur eine Möglichkeit: Katie musste mit dem Rad ganz vorsichtig auf Nebenstraßen zur Schule fahren. Ihre Mutter ertrug den Gedanken nicht, dass ihre Tochter ohne Begleitung mit dem Rad zur Schule schwankte. Also fuhr sie mit dem Auto langsam hinter ihr her. Was das nützen sollte, wusste sie auch nicht, aber sie fühlte sich besser dabei. Sie durchlebte das Trauma, ihre Tochter eine ganze Woche lang unsicher und wackelig zur Schule fahren zu sehen. Ihre Fahrkünste verbesserten sich im Lauf der Woche, wobei sie jedoch einmal ein Pedal verlor und über die Zehen des Prüfers fuhr. Am Ende der Woche war sie aber gut genug, dass sie die Prüfung bestand, was ihrer Mutter wie ein Wunder erschien!

Ein paar Monate später sollte Katie auf die weiterführende Schule wechseln. Jetzt würde sie mit dem Bus fahren müssen. Ihre Mutter meinte also, es wäre gut, bevor das Schuljahr begann eine Probefahrt zu machen. Für Katie war es natürlich überhaupt kein Problem, in den richtigen Bus einzusteigen. Ihre Mutter hatte dafür umso mehr Mühe, ‚unauffällig' hinter dem Bus her zu fahren und an jeder Haltestelle in einiger Entfernung hinter ihm anzuhalten. Ein älterer Herr sprach Katie im Bus an, weil er das blaue Auto beobachtete, das dem Bus folgte und dessen Fahrerin die ganze Strecke von fünf Kilometern lächelte und ermutigend winkte. Es erübrigt sich zu sagen, dass Katie an der richtigen Haltestelle ausstieg, an der schließlich auch ihre Mutter hielt und sie mit nach Hause nahm.

Geben Sie Ihrem Kind die Hilfe, die es braucht, um neue Situationen zu bewältigen – aber übertreiben Sie Ihre Vorsorge nicht.

Die Zeit anhalten

Müttern fällt es oft schwerer als Vätern, den Sohn oder die Tochter zu verabschieden, wenn sie ausziehen, zur Ausbildung wegziehen oder ihre eigene Studentenbude beziehen. Die Mütter haben meistens den ‚engeren Draht' zu ihren Kindern; sie kennen deren Alltag und kümmern sich um all die tausend Kleinigkeiten, die ihre Kinder beschäftigen. Deshalb sind sie auch viel mehr betroffen von dem, was sich alltäglich im Leben ihrer Kinder abspielt. Die Leere, die die Kinder hinterlassen, ist nicht leicht zu füllen. Aber sehen Sie die Sache mal von der positiven Seite. Freunde mit Kindern, die bereits das Nest verlassen haben, sagen, es sei wunderbar, endlich einmal genug Platz zu haben und in einem Haus zu leben, das ordentlich aussieht. Stellen Sie sich vor, wie schön es ist, wenn Sie nicht mehr ständig irgendwelche Dinge suchen müssen, die im Zimmer ihres Teenagers verschwunden sind. Eine Wohnung, in der keine stinkigen Turnschuhe mehr herumliegen, ist nahezu paradiesisch. Der Frieden und die Ruhe eines Hauses ohne Teenager gibt Ihnen auch Gelegenheit, *Ihre* Lieblingsmusik zu hören, die nun ohne Konkurrenz ist. Einige Mütter, deren Kinder schon aus dem Haus sind, erzählen mir, dass sie die Kinder gar nicht mehr zurückwollen, nachdem sie sich einmal an einen anderen Lebensstil gewöhnt haben! Sie genießen den Freiraum, nun all die Dinge zu tun, die sie immer vor sich hergeschoben haben. Ich war erstaunt zu beobachten, wie kurz die Übergangszeit von „Hundert-Prozent-Mutter" zu „Wieder ein eigener Mensch" sein kann – es waren eher Wochen als Monate.

Kann man sich auf den Tag vorbereiten, an dem Ihr Sohn oder Ihre Tochter das Haus verlässt? Hier sind ein paar Vorschläge, die den Übergang erleichtern:

- Legen Sie frühzeitig eine Erinnerungs-Schatzkiste an. Auch wenn Sie nicht alle krakeligen Zeichnungen behalten können, die mit „Mama" beschriftet sind, heben Sie einige wenige in einer Kiste auf. Vielleicht auch ein paar Babysachen, die Ihnen besonders gefallen haben und von denen Sie sich nicht trennen können. Heben Sie Eintrittskarten von besonderen Ausflügen auf, eine Haarsträhne vom Baby oder eine gepresste Blume mit einer Notiz, wer Sie Ihnen geschenkt hat und wann. Legen Sie immer wieder Dinge in die Kiste, die kostbare Erinnerungen hervorrufen, während Ihr Kind heranwächst (meine Kinder wollten ihre Milchzähne in der Kiste aufheben, aber ich fand das ein wenig makaber).

- Wenn Sie nähen können, heben Sie einige Kinderkleider auf und machen Sie eine Patchworkdecke daraus. Wollpullover sind dafür weniger geeignet, aber Baumwollkleider oder Hemden sind ideal.
- Halten Sie die Entwicklung Ihrer Kinder schriftlich fest. Wann haben sie angefangen zu laufen und zu sprechen, wer waren ihre besten Freunde etc.
- Schreiben Sie auch die merkwürdigen und komischen Dinge auf, die Ihr Kind sagt und tut. Es ist unglaublich, wie viel wir vergessen – all die witzigen Worte und Sätze, die Kindern einfallen. Man glaubt, sie würden einem immer im Gedächtnis bleiben, doch wenn man diese Dinge nicht aufschreibt, geraten sie in Vergessenheit. Als ich alte Tagebücher durchblätterte, stieß ich auf das Wort „Bonkabong", ein Kinderwort unserer Ältesten für Luftballon, das ich längst vergessen hätte, wenn ich es nicht aufgeschrieben hätte.
- Nehmen Sie sich jetzt die Zeit, Fotos zu beschriften und zu datieren. Selbst wenn Sie nur auf die Rückseite kritzeln, wo und wann die Aufnahme gemacht wurde, wird Ihnen das die Mühe ersparen, sich irgendwann in ferner Zukunft darüber den Kopf zu zerbrechen.
- Führen Sie auch Tagebuch über Ihre eigenen Gefühle. Sie brauchen nicht jeden Tag etwas zu schreiben oder zu zeichnen, nur, wenn Sie gerade Lust dazu haben. Die Eintragungen müssen auch nicht druckreif sein. Es ist einfach eine Erinnerung an Ihr Leben mit den Kindern.

Wenn ich mal alt bin …

Wir alle kennen Geschichten von Kindern, die nie aus dem Haus gehen und ihr Leben ihren Eltern widmen und die sich, wenn sie dann selbst in die Jahre kommen und ihre Eltern sterben, einsam und allein fühlen. Zuneigung und Loyalität stehen jedem Kind gut an, aber kein Kind kann das Leben der Eltern zum Hauptinhalt des eigenen Lebens machen.

Katharina wurde zu Hause übermäßig behütet. Ihre Mutter liebte sie sehr und das äußerte sich darin, dass ihr jedes Anzeichen von Unabhängigkeit bei ihrer Tochter verdächtig war oder Angst machte. Sie klammerte sich sehr an ihre Tochter. Als Katharina selbst Mutter wurde, war sie entschlossen, auf keinen Fall so zu werden wie ihre eigene Mutter. Sie kannte die Anzeichen und Symptome genau und begann schon früh, ihre Kinder zu ermutigen, auf eigenen Füßen zu stehen. Eines Tages kam ihr fünfjähriger Sohn Adam zu ihr, brachte ein paar selbst gepflückte Gänseblümchen und sagte: „Mami, ich hab dich so lieb, ich bleibe immer bei dir!" Katharina, etwas überrascht, aber entschlossen, ihren Erziehungszielen treu zu bleiben, erklärte daraufhin ihrem Sohn, dass er eines Tages, wenn er viel älter sei, vielleicht von zu Hause ausziehen wolle und dass er nicht für immer bei ihr bleiben müsse. Vielleicht wolle er nicht mal in derselben Stadt wohnen. Sie steigerte sich ein wenig in das Thema hinein und meinte schließlich, es könne ja sein, dass er sogar in einem anderen Land leben wolle, vielleicht in Australien. An diesem Punkt brach Adam in Tränen aus und schluchzte: „Aber ich will nicht in Australien wohnen!" Versuchen Sie also, Ihr Kind zur Unabhängigkeit zu erziehen, aber übertreiben Sie es nicht!

Mütter stehen immer wieder in Gefahr, in Extreme zu verfallen. Da gibt es solche, die es nicht ertragen, ihre Kinder gehen zu lassen und sich an sie klammern, und jene, die ihren Kinder mitteilen, dass sie mit sechzehn oder achtzehn das Haus verlassen und sich selbst in der Welt zurechtfinden müssen. Die meisten von uns sind sicher der Ansicht, dass man die Kinder nicht rausschmeißen sollte, sondern sie ermutigen, von den Eltern unabhängig zu werden, um das Nest eines Tages verlassen zu können. Vögel sind hier ein gutes Beispiel. Die Vogeleltern stopfen die kleinen Schnäbel nicht so lange voll, bis sie keine Lust mehr haben, und schubsen dann die Kleinen mit ihrem scharfen Schnabel aus dem Nest. Nein, sie füttern sie weiter, bis die kleinen Vögel von selbst flügge werden.

Versuchen Sie, einen goldenen Mittelweg zu finden: weder zu viel Fürsorge noch zu viel coole Unabhängigkeit bekommen Ihren Kindern. Wachsen Sie mit Ihren Kindern in das jeweils angemessene Maß von Nähe und Freiheit hinein.

Wenn Ihre Kinder allmählich unabhängig

werden oder das Haus verlassen, denken Sie daran, dass Sie sie ja nicht für immer verlieren. Freuen Sie sich vielmehr darüber, dass sich jetzt eine reife Beziehung unter Erwachsenen entwickelt. Sie sollten nun nicht mehr Autoritätsfigur sein und für alles, was Ihre Kinder betrifft, die Verantwortung übernehmen. Jetzt wird es Zeit für eine freundschaftliche Beziehung zu Ihren Kindern. Wenn Sie sehen, wie Ihr Sohn oder Ihre Tochter sich erfolgreich ihren eigenen Weg durchs Leben bahnen, sollte Sie das überzeugen, dass Sie Ihre Sache gar nicht so schlecht gemacht haben und dass die Kinder trotz Ihrer Fehler überlebt haben! Und die Aussicht auf zukünftige Enkelkinder wird jene trösten, die den Gedanken nicht ertragen, nicht mehr den ganzen Tag kleine Kinder um sich zu haben.

Unser jüngster Sohn Joseph hat eine klare, wenn auch etwas eigenwillige Vorstellung davon, was es heißt, „das Elternhaus zu verlassen". Kürzlich teilte er mir mit, dass er weiterhin im Haus wohnen wolle, wenn er älter sei, Mama und Papa aber ausziehen sollten. Und wohin? Irgendwohin, meinte er. In ein Heim für verwirrte Eltern etwa? Vielleicht setzt er uns auch einfach irgendwo aus und lässt uns in Ruhe darüber nachdenken, was wir hätten besser machen können ...

Weitere Informationen

Beratung in Erziehungs- und Familienfragen erhalten Sie z.B. bei den folgenden Adressen und Institutionen:

Bundesweite Telefondienste

Telefonseelsorge e.V.:
Unter„Telefonseelsorge" im örtlichen Telefonbuch

Malteser-Telefon
Tel. 0221/ 34 10 11 (Auskunftszeiten: Mo. - Fr., 8.00 - 19.00 Uhr) Vermittlung von Adressen zu Beratung, gesundheitliche Aufklärung, Selbsthilfe-Gruppenangebote, Hilfestellung/Betreuung, Angebote für Kinder und Jugendliche, Therapieangebote

Kinder- und Jugendtelefon
Telefon kostenfrei, bundesweite Sondernummern:
0 13 08 /1 11 03
(Auskunftszeiten: Mo. Bis Fr., 15.00 - 19.00 Uhr)

Teen Challenge in Deutschland e.V.
Emil-Geis-Str. 39, 81379 München, Tel.: 0 89/ 7 23 90 30

Bundesweite Beratungsstellen

Deutsche Arbeitsgemeinschaft für Jugend-, Erziehungs- und Eheberatung e.V.:
Bundesgeschäftsstelle:
Neumarkter Str. 84c
81673 München
Tel.: 089/436 10 91, Fax: 089/4 31 12 66, e-mail: dajeb@aol.com Web: www.dajeb.de

Katholische Bundesarbeitsgemeinschaft für Beratung e.V.
Geschäftsstellen:
- Erziehungsberatung:
Karlstr.40, 79104 Freiburg, Tel.: 0761/200-0
- Familien- und Lebensberatung/Telefonseelsorge:
Kaiserstr. 163, 53111 Bonn, Tel.: 0228/103-0

Bundeskonferenz für Erziehungsberatung e.V.
Herrnstr. 53, 90763 Fürth, Tel.: 0911/97 71 40

Ev. Konferenz für Familien- und Lebensberatung e.V.
Ziegelstr.30, 10117 Berlin, Tel.: 030/28 30 39-27,-28

Bundesverband allein stehender Mütter und Väter e.V.
Beethovenallee 7, 53173 Bonn, Tel.: 0228/35 29 95

Verband bi-nationaler Familien und Partnerschaften e.V.
Ludolfusstr. 2-4, 60487 Frankfurt/M., Tel.: 069/7 07 50-87,-88

Bundesarbeitsgemeinschaft Elterninitiativen e.V.
Einsteinstr. 111, 81675 München, Tel.: 089/4 70 65 03

Ev. Aktionsgemeinschaft für Familienfragen
Meckenheimer Allee 162, 53115 Bonn, Tel.: 0228/63 47 91

Bundesarbeitsgemeinschaft für Beratung bei Familienkrisen, Trennung und Scheidung
Günterstalstr. 41, 79102 Freiburg, Tel.: 0761/7 87 61

Bundesarbeitsgemeinschaft Kinder- und Jugendschutz e.V.
Haager Wer 44, 53127 Bonn, Tel.: 0228/29 94 21, 29 93 59

Deutscher Kinderschutzbund e.V., Bundesgeschäftsstelle
Schiffgraben 29, 30159 Hannover, Tel.: 0511/3 04 85-0

Bundesarbeitsgemeinschaft der Kinderschutz-Zentren e.V.
Spichernstr. 55, 50672 Köln, Tel.: 0221/52 93 01

Bundesverband Neue Erziehung e.V.
Am Schützenhof 4, 53119 Bonn, Tel.: 0228/66 40 55-57